斯维导图

会计专业技术中级资格考试辅导用书·经济法

斯尔教育　组编

斯维导图

電子工業出版社
Publishing House of Electronics Industry
北京·BEIJING

图书在版编目（CIP）数据

经济法 / 斯尔教育组编. -- 北京 : 电子工业出版社, 2025. 3. -- (会计专业技术中级资格考试辅导用书). -- ISBN 978-7-121-49779-7

Ⅰ. D922.29

中国国家版本馆CIP数据核字第2025Y85A66号

责任编辑：张春雨
印　　刷：天津鸿景印刷有限公司
装　　订：天津鸿景印刷有限公司
出版发行：电子工业出版社
　　　　　北京市海淀区万寿路173信箱　　　　邮编：100036
开　　本：787×1092　1/16　　印张：5.75　　字数：235千字
版　　次：2025年3月第1版
印　　次：2025年3月第1次印刷
定　　价：30.00元

凡所购买电子工业出版社图书有缺损问题，请向购买书店调换。若书店售缺，请与本社发行部联系，联系及邮购电话：（010）88254888，88258888。

质量投诉请发邮件至zlts@phei.com.cn，盗版侵权举报请发邮件至dbqq@phei.com.cn。

本书咨询联系方式：faq@phei.com.cn。

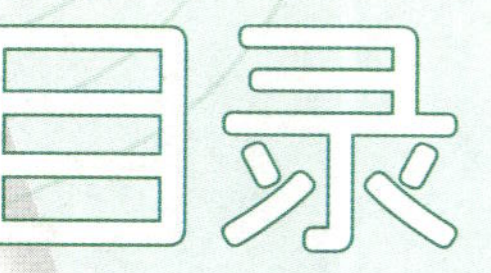

使用指南 /001

第一章
总论 /002

第二章
公司法律制度 /018

第三章
合伙企业法律制度 /036

第四章
物权法律制度 /042

第五章
合同法律制度 /050

第六章
金融法律制度 /062

第七章
财政法律制度 /076

使用指南

 新增内容

 变动内容

● 背诵和记忆内容

● 关键词句

提示性、拓展性内容

第一章 总论

（考 10 ~ 13 分）

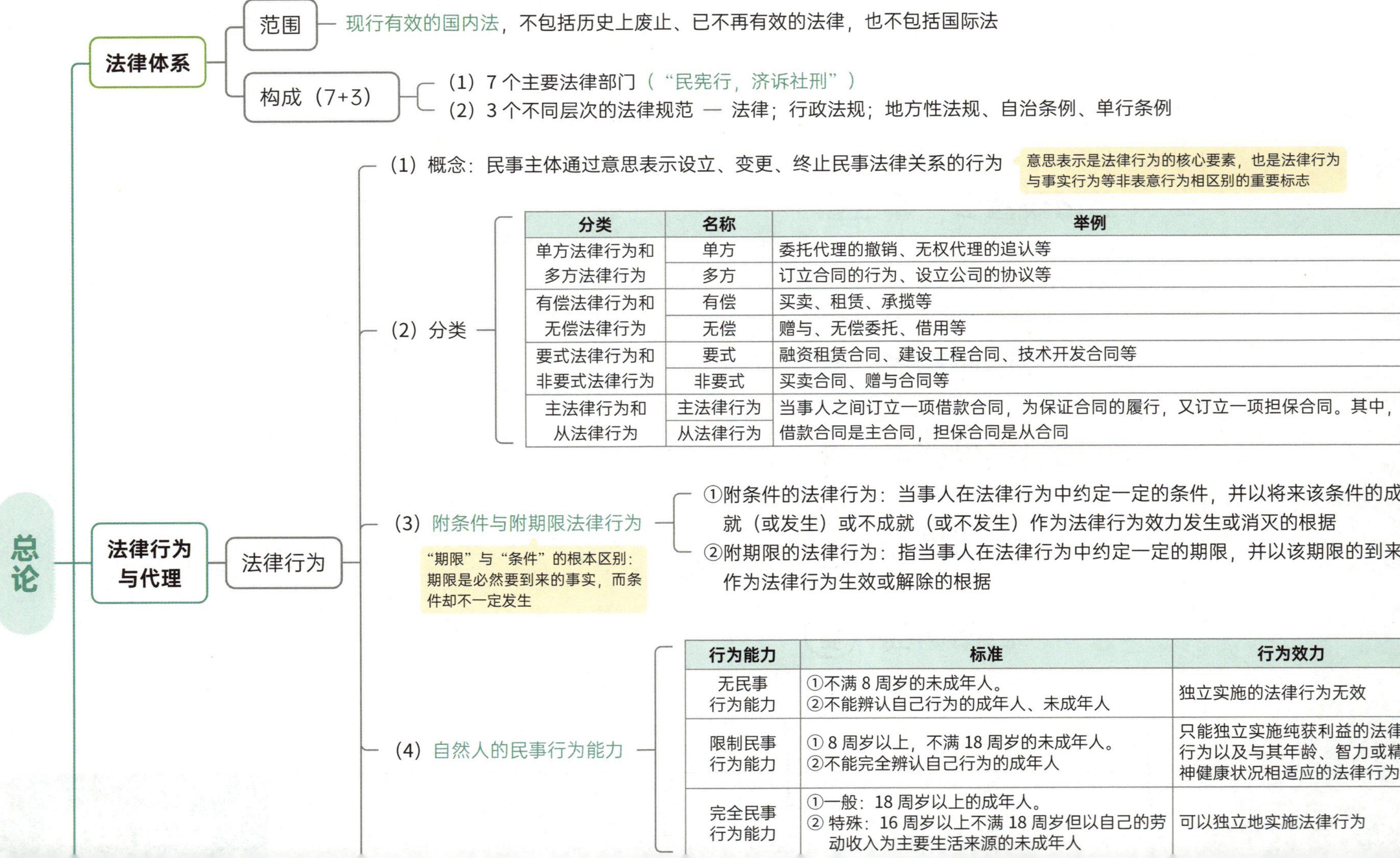

总论

法律体系

- 范围：现行有效的国内法，不包括历史上废止、已不再有效的法律，也不包括国际法
- 构成（7+3）
  - （1）7 个主要法律部门（“民宪行，济诉社刑”）
  - （2）3 个不同层次的法律规范 — 法律；行政法规；地方性法规、自治条例、单行条例

法律行为与代理

法律行为

（1）概念：民事主体通过意思表示设立、变更、终止民事法律关系的行为

> 意思表示是法律行为的核心要素，也是法律行为与事实行为等非表意行为相区别的重要标志

（2）分类

分类	名称	举例
单方法律行为和多方法律行为	单方	委托代理的撤销、无权代理的追认等
	多方	订立合同的行为、设立公司的协议等
有偿法律行为和无偿法律行为	有偿	买卖、租赁、承揽等
	无偿	赠与、无偿委托、借用等
要式法律行为和非要式法律行为	要式	融资租赁合同、建设工程合同、技术开发合同等
	非要式	买卖合同、赠与合同等
主法律行为和从法律行为	主法律行为	当事人之间订立一项借款合同，为保证合同的履行，又订立一项担保合同。其中，借款合同是主合同，担保合同是从合同
	从法律行为	

（3）附条件与附期限法律行为

①附条件的法律行为：当事人在法律行为中约定一定的条件，并以将来该条件的成就（或发生）或不成就（或不发生）作为法律行为效力发生或消灭的根据

②附期限的法律行为：指当事人在法律行为中约定一定的期限，并以该期限的到来作为法律行为生效或解除的根据

> “期限”与“条件”的根本区别：期限是必然要到来的事实，而条件却不一定发生

（4）自然人的民事行为能力

行为能力	标准	行为效力
无民事行为能力	①不满 8 周岁的未成年人。 ②不能辨认自己行为的成年人、未成年人	独立实施的法律行为无效
限制民事行为能力	① 8 周岁以上，不满 18 周岁的未成年人。 ②不能完全辨认自己行为的成年人	只能独立实施纯获利益的法律行为以及与其年龄、智力或精神健康状况相适应的法律行为
完全民事行为能力	①一般：18 周岁以上的成年人。 ② 特殊：16 周岁以上不满 18 周岁但以自己的劳动收入为主要生活来源的未成年人	可以独立地实施法律行为

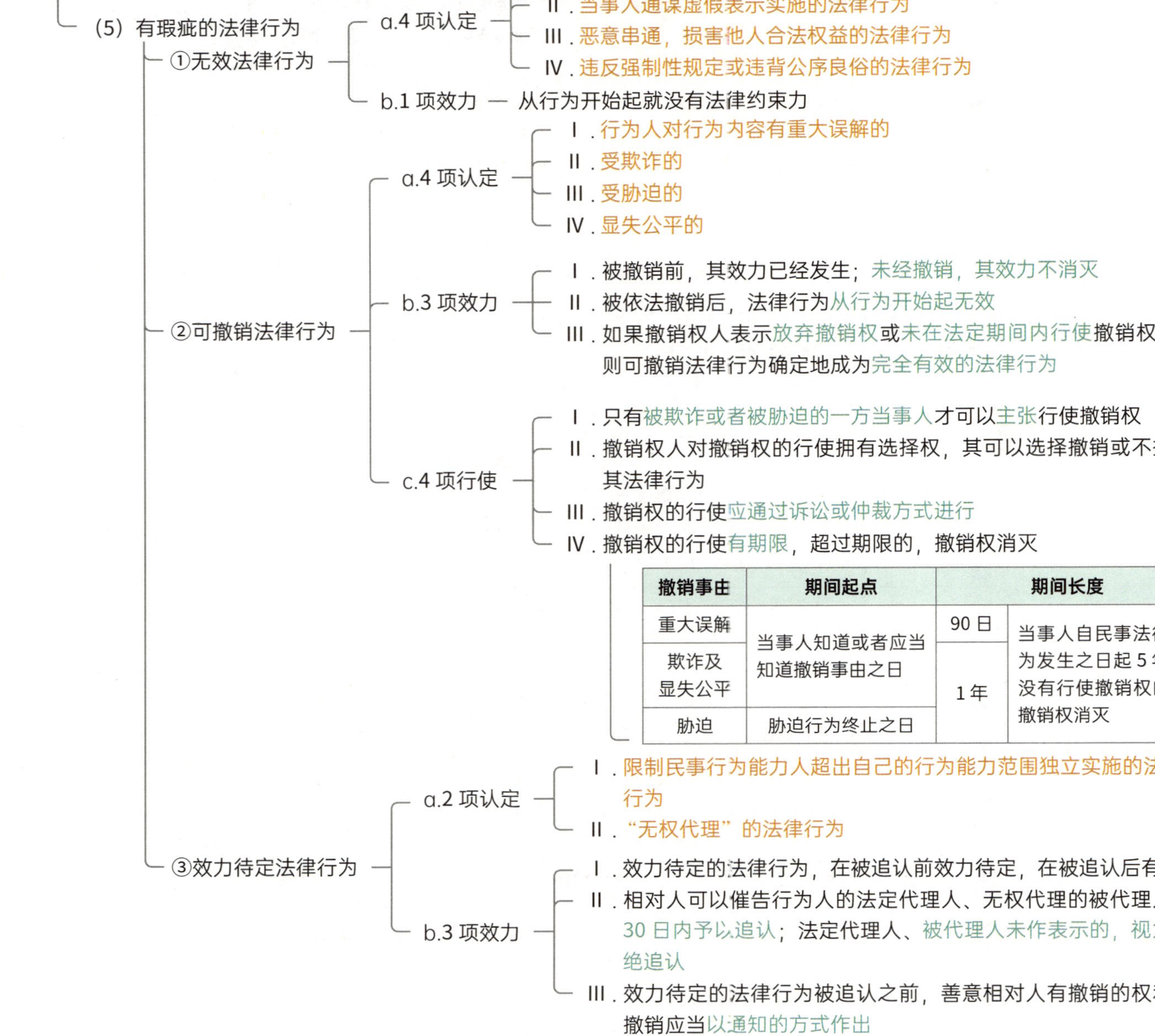

(5) 有瑕疵的法律行为

- ①无效法律行为
  - a.4 项认定
    - Ⅱ. 当事人通谋虚假表示实施的法律行为
    - Ⅲ. 恶意串通，损害他人合法权益的法律行为
    - Ⅳ. 违反强制性规定或违背公序良俗的法律行为
  - b.1 项效力 — 从行为开始起就没有法律约束力
- ②可撤销法律行为
  - a.4 项认定
    - Ⅰ. 行为人对行为内容有重大误解的
    - Ⅱ. 受欺诈的
    - Ⅲ. 受胁迫的
    - Ⅳ. 显失公平的
  - b.3 项效力
    - Ⅰ. 被撤销前，其效力已经发生；未经撤销，其效力不消灭
    - Ⅱ. 被依法撤销后，法律行为从行为开始起无效
    - Ⅲ. 如果撤销权人表示放弃撤销权或未在法定期间内行使撤销权的，则可撤销法律行为确定地成为完全有效的法律行为
  - c.4 项行使
    - Ⅰ. 只有被欺诈或者被胁迫的一方当事人才可以主张行使撤销权
    - Ⅱ. 撤销权人对撤销权的行使拥有选择权，其可以选择撤销或不撤销其法律行为
    - Ⅲ. 撤销权的行使应通过诉讼或仲裁方式进行
    - Ⅳ. 撤销权的行使有期限，超过期限的，撤销权消灭

撤销事由	期间起点	期间长度	
重大误解	当事人知道或者应当知道撤销事由之日	90 日	当事人自民事法律行为发生之日起 5 年内没有行使撤销权的，撤销权消灭
欺诈及显失公平	当事人知道或者应当知道撤销事由之日	1 年	
胁迫	胁迫行为终止之日	1 年	

- ③效力待定法律行为
  - a.2 项认定
    - Ⅰ. 限制民事行为能力人超出自己的行为能力范围独立实施的法律行为
    - Ⅱ. “无权代理”的法律行为
  - b.3 项效力
    - Ⅰ. 效力待定的法律行为，在被追认前效力待定，在被追认后有效
    - Ⅱ. 相对人可以催告行为人的法定代理人、无权代理的被代理人在30 日内予以追认；法定代理人、被代理人未作表示的，视为拒绝追认
    - Ⅲ. 效力待定的法律行为被追认之前，善意相对人有撤销的权利，撤销应当以通知的方式作出

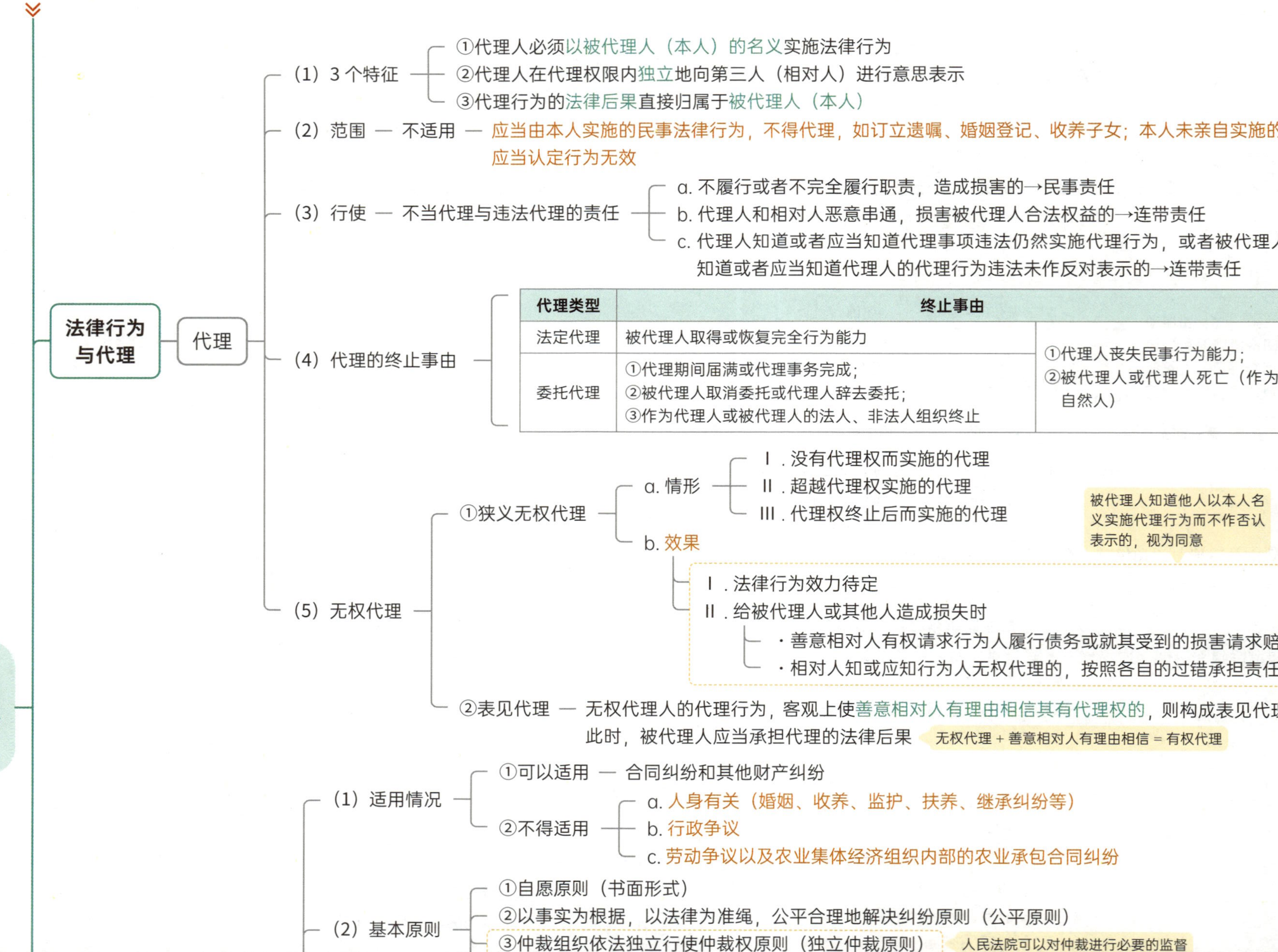

代理类型	终止事由	
法定代理	被代理人取得或恢复完全行为能力	①代理人丧失民事行为能力； ②被代理人或代理人死亡（作为自然人）
委托代理	①代理期间届满或代理事务完成； ②被代理人取消委托或代理人辞去委托； ③作为代理人或被代理人的法人、非法人组织终止	

于行政机关，彼此之间无隶属关系

经济纠纷解决途径

经济仲裁

（4）仲裁协议

项目	具体规定
形式	①合同中订立的仲裁条款（例如，某货物采购合同中约定仲裁条款）； ②在纠纷发生“前后”以其他书面方式达成的请求仲裁的协议
内容	①请求仲裁的意思表示； ②仲裁事项； ③选定的仲裁委员会
效力	①独立性（合同的变更、解除、终止或无效，不影响仲裁协议的效力）； ②排除诉讼管辖权的作用。在当事人双方发生协议约定的争议时，任何一方只能将争议提交仲裁，而不能向人民法院起诉
效力异议	①时间：首次开庭前； ②找谁：仲裁委员会或人民法院； ③都找：人民法院裁定
无效情形	①“超范围”：约定的仲裁事项超过法律规定的仲裁适用范围的； ②“无限人”：无民事行为能力人或限制民事行为能力人订立的仲裁协议； ③“被胁迫”：一方采取胁迫手段，迫使对方订立仲裁协议的； ④“未补充”：仲裁协议对仲裁事项或仲裁委员会没有约定或者约定不明确的，当事人可以补充协议；达不成补充协议的，仲裁协议无效

（5）仲裁程序

- ①仲裁庭的组成
  - 1 名仲裁员
  - 3 名仲裁员：双方当事人各选择 1 人，第 3 人“共同选定”或“指定”，第 3 人为首席仲裁员
- ②仲裁员的回避制度
  - a. 是本案当事人，或者当事人、代理人的近亲属
  - b. 与本案有利害关系
  - c. 与本案当事人、代理人有其他关系，可能影响公正仲裁的
  - d. 私自会见当事人、代理人，或者接受当事人、代理人的请客送礼的
- ③裁决作出和生效
  - a. 应当开庭进行
  - b. 一般不公开进行。当事人协议公开的，可以公开进行，但涉及国家秘密的除外
  - c. 应按少数服从多数原则。不能形成多数意见时，按首席仲裁员的意见作出裁决
  - d. 裁决书自作出之日起发生法律效力
- ④仲裁裁决可以强制执行（裁决具有执行力）

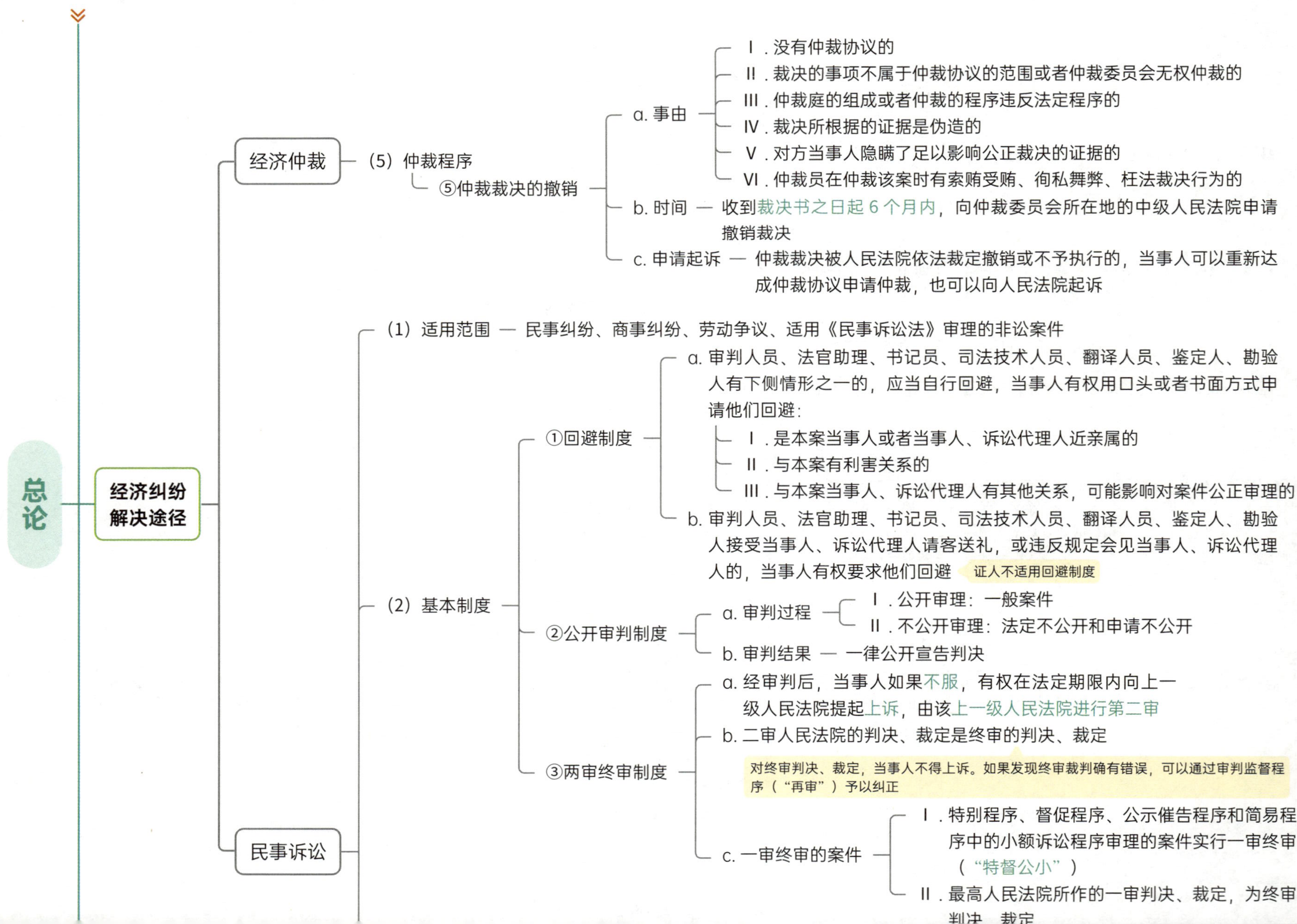
总论
经济纠纷解决途径
经济仲裁
（5）仲裁程序
⑤仲裁裁决的撤销
a. 事由
Ⅰ. 没有仲裁协议的
Ⅱ. 裁决的事项不属于仲裁协议的范围或者仲裁委员会无权仲裁的
Ⅲ. 仲裁庭的组成或者仲裁的程序违反法定程序的
Ⅳ. 裁决所根据的证据是伪造的
Ⅴ. 对方当事人隐瞒了足以影响公正裁决的证据的
Ⅵ. 仲裁员在仲裁该案时有索贿受贿、徇私舞弊、枉法裁决行为的
b. 时间 — 收到裁决书之日起 6 个月内，向仲裁委员会所在地的中级人民法院申请撤销裁决
c. 申请起诉 — 仲裁裁决被人民法院依法裁定撤销或不予执行的，当事人可以重新达成仲裁协议申请仲裁，也可以向人民法院起诉
民事诉讼
（1）适用范围 — 民事纠纷、商事纠纷、劳动争议、适用《民事诉讼法》审理的非讼案件
（2）基本制度
①回避制度
a. 审判人员、法官助理、书记员、司法技术人员、翻译人员、鉴定人、勘验人有下侧情形之一的，应当自行回避，当事人有权用口头或者书面方式申请他们回避：
Ⅰ. 是本案当事人或者当事人、诉讼代理人近亲属的
Ⅱ. 与本案有利害关系的
Ⅲ. 与本案当事人、诉讼代理人有其他关系，可能影响对案件公正审理的
b. 审判人员、法官助理、书记员、司法技术人员、翻译人员、鉴定人、勘验人接受当事人、诉讼代理人请客送礼，或违反规定会见当事人、诉讼代理人的，当事人有权要求他们回避
证人不适用回避制度
②公开审判制度
a. 审判过程
Ⅰ. 公开审理：一般案件
Ⅱ. 不公开审理：法定不公开和申请不公开
b. 审判结果 — 一律公开宣告判决
③两审终审制度
a. 经审判后，当事人如果不服，有权在法定期限内向上一级人民法院提起上诉，由该上一级人民法院进行第二审
b. 二审人民法院的判决、裁定是终审的判决、裁定
对终审判决、裁定，当事人不得上诉。如果发现终审裁判确有错误，可以通过审判监督程序（“再审”）予以纠正
c. 一审终审的案件
Ⅰ. 特别程序、督促程序、公示催告程序和简易程序中的小额诉讼程序审理的案件实行一审终审（“特督公小”）
Ⅱ. 最高人民法院所作的一审判决、裁定，为终审判决、裁定

(3）诉讼管辖

①地域管辖

a. 一般地域管辖：被告住所地管辖（原告就被告）

Ⅰ．公民：被告住所地与经常居住地不一致的，由经常居住地人民法院管辖

Ⅱ．法人、其他组织：主要办事机构所在地不能确定的，法人或者其他组织的注册地或者登记地为住所地

Ⅲ．同一诉讼的几个被告住所地、经常居住地在两个以上人民法院辖区的，各人民法院都有管辖权

b. 特殊地域管辖

纠纷类型	地域管辖	
合同纠纷	合同履行地	被告住所地
财产保险合同纠纷	保险标的物所在地	
人身保险合同纠纷	被保险人住所地	
票据权利纠纷	票据支付地	
运输纠纷	运输始发地、目的地	
交通事故纠纷	事故发生地或者车辆、船舶最先到达地、航空器最先降落地	
侵权纠纷	侵权行为地（侵权行为实施地、侵权结果发生地）	
船舶碰撞或其他海损纠纷	碰撞发生地、碰撞船舶最先到达地、加害船舶被扣留地	
公司纠纷	公司住所地	—
海难救助费用	救助地或者被救助船舶最先到达地	—
共同海损	船舶最先到达地、共同海损理算地或者航程终止地	

c. 专属管辖：不动产纠纷提起诉讼→不动产所在地人民法院管辖；港口作业中发生纠纷提起的诉讼→港口所在地人民法院管辖；继承遗产纠纷提起的诉讼→被继承人死亡时住所地或者主要遗产所在地人民法院管辖

②级别管辖 — 根据案件的性质、影响范围来划分上下级人民法院受理第一审经济案件的分工和权限

基层人民法院原则上管辖第一审案件

经济纠纷解决途径

民事诉讼

(4) 诉讼程序的启动和衔接

①一审的启动

- a. 起诉
- b. 立案 — 人民法院接到起诉状或口头起诉后，经审查认为符合起诉条件的，应当在 7 日内立案，并通知当事人

②二审的启动

事项	对一审法院的判决不服	对一审法院的裁定不服
期限	判决书送达之日起 15 日内	裁定书送达之日起 10 日内
主体	第一审案件的当事人	
对象	上一级人民法院	
方式	递交上诉状（书面形式）	
结果	第二审人民法院的判决、裁定是终审的判决、裁定（“两审终审制”）	

大致上，“判决”主要针对实体事项，“裁定”主要针对程序事项

③再审（审判监督）

- a. 适用 — 有审判监督权的人员和机关，发现已经发生法律效力的判决、裁定确有错误的
- b. 启动
  - Ⅰ. 由人民法院系统内部启动
    - · 各级人民法院院长：提交审判委员会讨论决定
    - · 上级人民法院对下级人民法院：有权提审或指令下级人民法院再审
  - Ⅱ. 由当事人申请启动
    - · 对象：上一级法院和原审法院
    - · 时限：应当在判决、裁定、调解书发生法律效力后 6 个月内提出
    - · 不予受理的情况：再审申请被驳回后再次提出申请的；对再审判决、裁定提出申请的；在人民检察院对当事人的申请作出不予提出再审检察建议或者抗诉决定后又提出申请的
    - · 执行情况：当事人申请再审的，不停止判决、裁定的执行

a. 适用范围

- Ⅰ. 适用：事实清楚、权利义务关系明确、争议不大的简单案件
- Ⅱ. 6 项不适用
  - · 起诉时被告下落不明的
  - · 发回重审的
  - · 当事人一方人数众多的
  - · 适用审判监督程序的
  - · 涉及国家利益、社会公共利益的
  - · 第三人起诉请求改变或者撤销生效判决、裁定、调解书的

④简易程序

项目	具体规定
程序启动	当事人双方可就开庭方式向人民法院提出申请，由人民法院决定是否准许
开庭方式	经当事人双方同意可以采用视听传输技术等方式开庭
通知、送达	Ⅰ. 人民法院可以采取捎口信、电话、短信、传真、电子邮件等简便方式传唤双方当事人、通知证人和送达诉讼文书。 提示：通过电子方式送达的判决书、裁定书、调解书，受送达人提出需要纸质文书的，人民法院应当提供。 Ⅱ. 以简便方式送达的开庭通知，未经当事人确认或者没有其他证据证明当事人已经收到的，人民法院不得缺席判决
独任审理	适用简易程序审理案件，由审判员独任审判
程序转换	Ⅰ. 人民法院发现案情复杂，需要转为普通程序审理的，应当在审理期限届满前作出裁定并将合议庭组成人员及相关事项书面通知双方当事人。 Ⅱ. 已经按照普通程序审理的案件，在开庭后不得转为简易程序审理

c. 小额诉讼程序

Ⅰ. 适用（2 项）
- 法定：标的额为年平均工资 50% 以下的，适用小额诉讼的程序审理
- 约定：标的额超过年平均工资 50% 但在 2 倍以下的，当事人双方也可以约定适用小额诉讼的程序审理

Ⅱ. 不适用（6 项）
- 人身关系、财产确权案件
- 涉外案件
- 需要评估、鉴定或者对诉前评估、鉴定结果有异议的案件
- 一方当事人下落不明的案件
- 当事人提出反诉的案件
- 其他不宜适用情况

（5）诉讼时效

①长度及起算

种类	长度	起算时间	备注
普通时效	3 年	权利人知道或者应当知道权利受到损害以及义务人之日	适用中止、中断，不适用延长
长期时效	20 年	权利受侵害之日	适用延长，不适用中止、中断

②诉讼时效的效力

a. 诉讼时效期间届满时，债务人获得抗辩权，但债权人的实体权利并不消灭

b. 诉讼时效的期间、计算方法以及中止、中断的事由当事人约定无效，当事人对诉讼时效利益的预先放弃无效

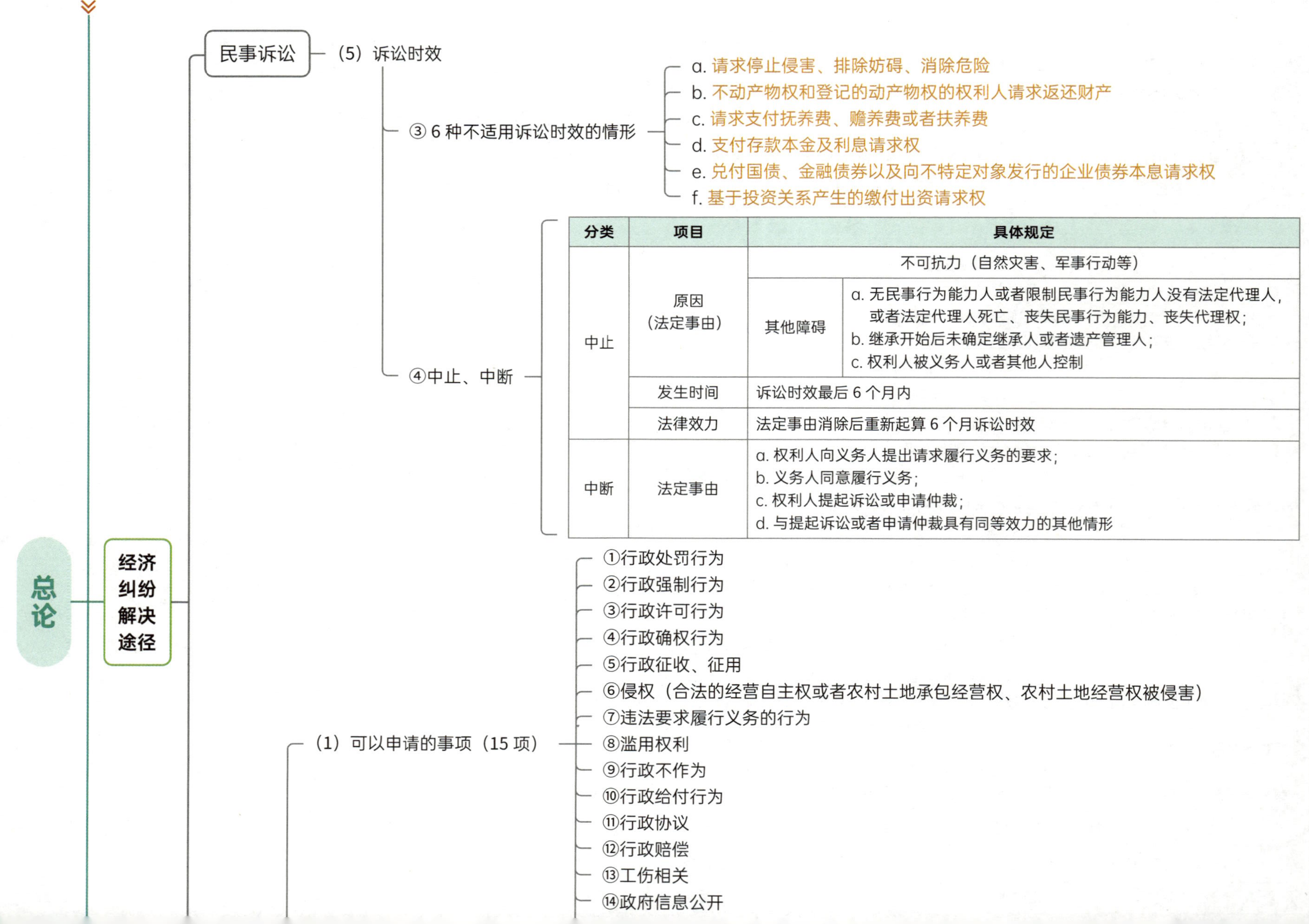

总论

经济纠纷解决途径

民事诉讼

(5) 诉讼时效

③ 6 种不适用诉讼时效的情形

- a. 请求停止侵害、排除妨碍、消除危险
- b. 不动产物权和登记的动产物权的权利人请求返还财产
- c. 请求支付抚养费、赡养费或者扶养费
- d. 支付存款本金及利息请求权
- e. 兑付国债、金融债券以及向不特定对象发行的企业债券本息请求权
- f. 基于投资关系产生的缴付出资请求权

④中止、中断

分类	项目	具体规定	
中止	原因（法定事由）	不可抗力（自然灾害、军事行动等）	
		其他障碍	a. 无民事行为能力人或者限制民事行为能力人没有法定代理人，或者法定代理人死亡、丧失民事行为能力、丧失代理权； b. 继承开始后未确定继承人或者遗产管理人； c. 权利人被义务人或者其他人控制
	发生时间	诉讼时效最后 6 个月内	
	法律效力	法定事由消除后重新起算 6 个月诉讼时效	
中断	法定事由	a. 权利人向义务人提出请求履行义务的要求； b. 义务人同意履行义务； c. 权利人提起诉讼或申请仲裁； d. 与提起诉讼或者申请仲裁具有同等效力的其他情形	

(1) 可以申请的事项（15 项）

- ①行政处罚行为
- ②行政强制行为
- ③行政许可行为
- ④行政确权行为
- ⑤行政征收、征用
- ⑥侵权（合法的经营自主权或者农村土地承包经营权、农村土地经营权被侵害）
- ⑦违法要求履行义务的行为
- ⑧滥用权利
- ⑨行政不作为
- ⑩行政给付行为
- ⑪行政协议
- ⑫行政赔偿
- ⑬工伤相关
- ⑭政府信息公开

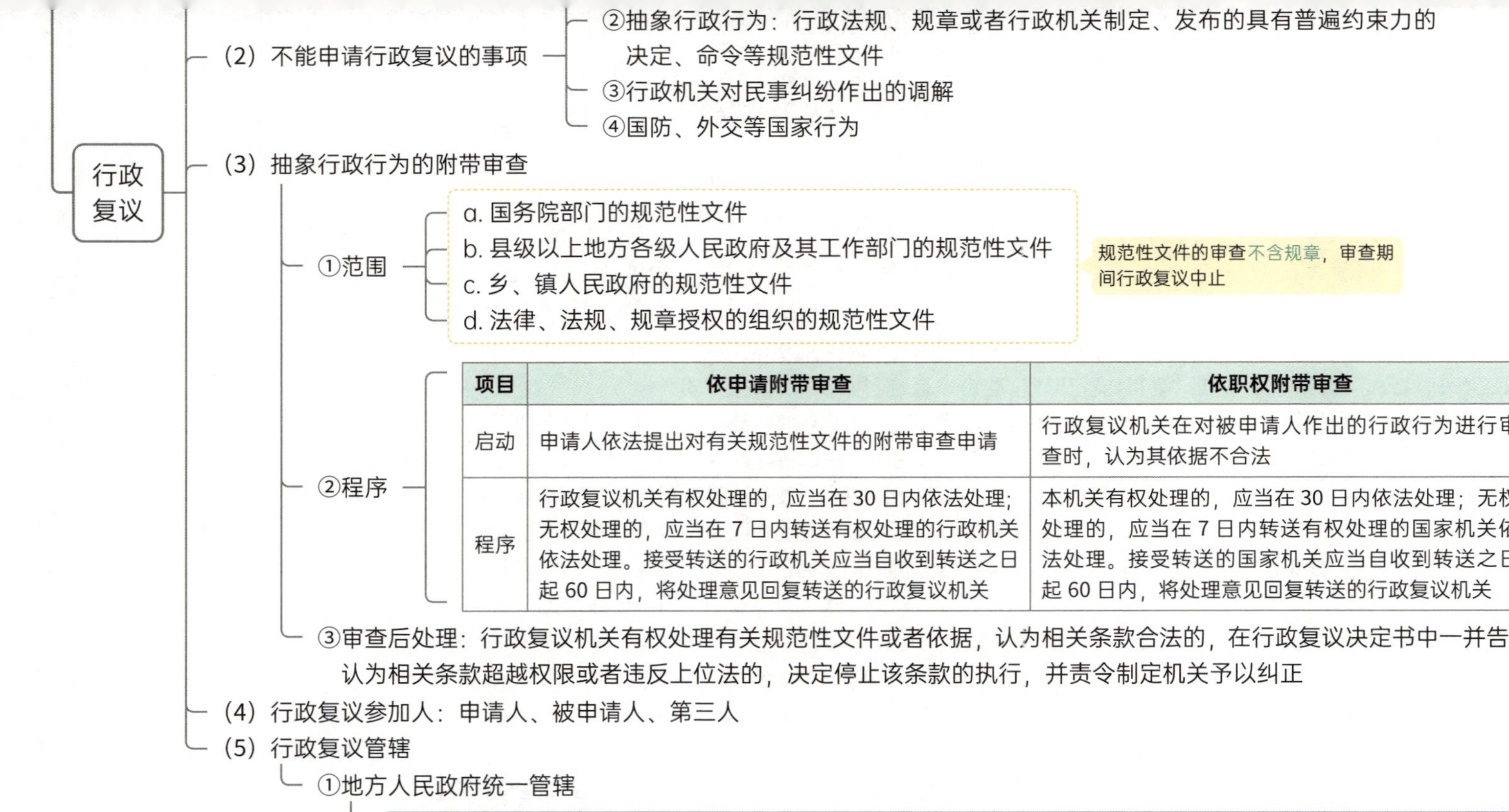

行政复议

- （2）不能申请行政复议的事项
  - ②抽象行政行为：行政法规、规章或者行政机关制定、发布的具有普遍约束力的决定、命令等规范性文件
  - ③行政机关对民事纠纷作出的调解
  - ④国防、外交等国家行为
- （3）抽象行政行为的附带审查
  - ①范围
    - a. 国务院部门的规范性文件
    - b. 县级以上地方各级人民政府及其工作部门的规范性文件
    - c. 乡、镇人民政府的规范性文件
    - d. 法律、法规、规章授权的组织的规范性文件

    规范性文件的审查不含规章，审查期间行政复议中止
  - ②程序

项目	依申请附带审查	依职权附带审查
启动	申请人依法提出对有关规范性文件的附带审查申请	行政复议机关在对被申请人作出的行政行为进行审查时，认为其依据不合法
程序	行政复议机关有权处理的，应当在 30 日内依法处理；无权处理的，应当在 7 日内转送有权处理的行政机关依法处理。接受转送的行政机关应当自收到转送之日起 60 日内，将处理意见回复转送的行政复议机关	本机关有权处理的，应当在 30 日内依法处理；无权处理的，应当在 7 日内转送有权处理的国家机关依法处理。接受转送的国家机关应当自收到转送之日起 60 日内，将处理意见回复转送的行政复议机关

  - ③审查后处理：行政复议机关有权处理有关规范性文件或者依据，认为相关条款合法的，在行政复议决定书中一并告知；认为相关条款超越权限或者违反上位法的，决定停止该条款的执行，并责令制定机关予以纠正
- （4）行政复议参加人：申请人、被申请人、第三人
- （5）行政复议管辖
  - ①地方人民政府统一管辖

记忆提示	县级以上地方人民政府（不含省级）	省级人民政府
工作部门	对本级人民政府工作部门作出的行政行为不服的	
下级政府	对下一级人民政府作出的行政行为不服的	
派出机关	对本级人民政府依法设立的派出机关作出的行政行为不服的	
派出机构	a. 对县级以上地方各级人民政府工作部门依法设立的派出机构依照法律、法规、规章规定，以派出机构的名义作出的行政行为不服的行政复议案件，由本级人民政府管辖。 b. 对直辖市、设区的市人民政府工作部门按照行政区划设立的派出机构作出的行政行为不服的，也可以由其所在地的人民政府管辖	
授权组织	对本级人民政府或者其工作部门管理的法律、法规、规章授权的组织作出的行政行为不服的	
省级自管	—	对本机关作出的行政行为不服的行政复议案件（“自我复议”）

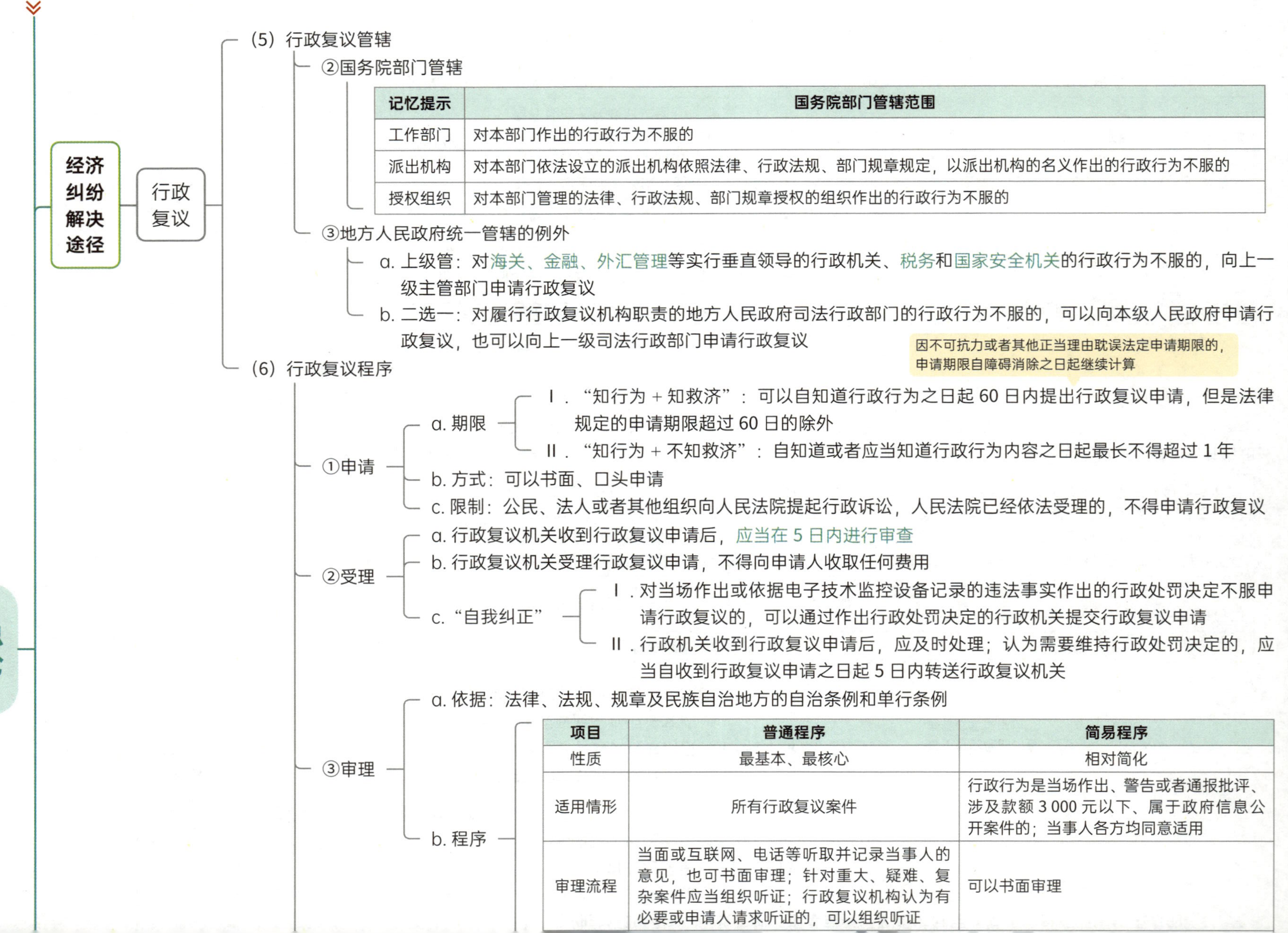

总论

经济纠纷解决途径

行政复议

(5) 行政复议管辖

②国务院部门管辖

记忆提示	国务院部门管辖范围
工作部门	对本部门作出的行政行为不服的
派出机构	对本部门依法设立的派出机构依照法律、行政法规、部门规章规定，以派出机构的名义作出的行政行为不服的
授权组织	对本部门管理的法律、行政法规、部门规章授权的组织作出的行政行为不服的

③地方人民政府统一管辖的例外

- a. 上级管：对海关、金融、外汇管理等实行垂直领导的行政机关、税务和国家安全机关的行政行为不服的，向上一级主管部门申请行政复议
- b. 二选一：对履行行政复议机构职责的地方人民政府司法行政部门的行政行为不服的，可以向本级人民政府申请行政复议，也可以向上一级司法行政部门申请行政复议

(6) 行政复议程序

①申请

- a. 期限
  - Ⅰ. "知行为＋知救济"：可以自知道行政行为之日起 60 日内提出行政复议申请，但是法律规定的申请期限超过 60 日的除外
  - Ⅱ. "知行为＋不知救济"：自知道或者应当知道行政行为内容之日起最长不得超过 1 年

  因不可抗力或者其他正当理由耽误法定申请期限的，申请期限自障碍消除之日起继续计算
- b. 方式：可以书面、口头申请
- c. 限制：公民、法人或者其他组织向人民法院提起行政诉讼，人民法院已经依法受理的，不得申请行政复议

②受理

- a. 行政复议机关收到行政复议申请后，应当在 5 日内进行审查
- b. 行政复议机关受理行政复议申请，不得向申请人收取任何费用
- c. "自我纠正"
  - Ⅰ. 对当场作出或依据电子技术监控设备记录的违法事实作出的行政处罚决定不服申请行政复议的，可以通过作出行政处罚决定的行政机关提交行政复议申请
  - Ⅱ. 行政机关收到行政复议申请后，应及时处理；认为需要维持行政处罚决定的，应当自收到行政复议申请之日起 5 日内转送行政复议机关

③审理

- a. 依据：法律、法规、规章及民族自治地方的自治条例和单行条例
- b. 程序

项目	普通程序	简易程序
性质	最基本、最核心	相对简化
适用情形	所有行政复议案件	行政行为是当场作出、警告或者通报批评、涉及款额 3 000 元以下、属于政府信息公开案件的；当事人各方均同意适用
审理流程	当面或互联网、电话等听取并记录当事人的意见，也可书面审理；针对重大、疑难、复杂案件应当组织听证；行政复议机构认为有必要或申请人请求听证的，可以组织听证	可以书面审理

a. 中止

记忆提示	具体情形	程序衔接
等人同意	作为申请人的自然人死亡，其近亲属尚未确定是否参加行政复议的	中止行政复议，满60日行政复议中止的原因仍未消除的，行政复议终止
	作为申请人的自然人丧失参加行政复议的行为能力，尚未确定法定代理人参加行政复议的	
	作为申请人的法人或者其他组织终止，尚未确定权利义务承受人的	
	作为申请人的公民下落不明的	—
	申请人、被申请人因不可抗力或者其他正当理由，不能参加行政复议的	
	依照《行政复议法》进行调解、和解，申请人和被申请人同意中止的	
等事确定	行政复议案件涉及法律适用问题需要有权机关作出解释或确认	—
	行政复议案件审理需要以其他案件的审理结果为依据，而其他案件尚未审结	
	有《行政复议法》依申请或者依职权对规范性文件附带审查的情形	
兜底	需要中止行政复议的其他情形	

中止的原因消除后，应当及时恢复行政复议案件的审理

b. 终止

记忆提示	具体规定
撤回	申请人要求撤回行政复议申请，行政复议机构准予撤回
死亡	Ⅰ. 作为申请人的公民死亡，没有近亲属或者其近亲属放弃行政复议权利。 Ⅱ. 作为申请人的法人或者其他组织终止，没有权利义务承受人或者其权利义务承受人放弃行政复议权利
犯罪	申请人对行政拘留或者限制人身自由的行政强制措施不服申请行政复议后，因同一违法行为涉嫌犯罪，被采取刑事强制措施

⑤行政复议决定的类型

- a. 维持决定
- b. 驳回复议请求决定
- c. 撤销决定
- d. 变更决定
- e. 确认违法决定
- f. 确认无效决定
- g. 限期履职决定

总论

经济纠纷解决途径

行政复议

（6）行政复议程序

⑥行政复议调解与和解

项目	行政复议调解	行政复议和解
主体	3 方主体，由行政复议机关对行政复议双方当事人的行政争议进行的旨在使双方当事人达成合意的活动	2 方主体，申请人与被申请人通过协商、互谅互让，达成和解协议
适用范围	行政复议机关办理行政复议案件，可以进行调解。适用范围没有案件类型的限制	—
时间	a. 调解不包括立案前的调解，是立案后开展的调解。 b. 行政复议调解不是必经程序	在行政复议决定作出前
原则	调解应当遵循合法、自愿的原则	当事人可以自愿达成和解
“底线”	不得损害国家利益、社会公共利益和他人合法权益，不得违反法律、法规的强制性规定	
处理	a. 当事人经调解达成协议的，行政复议机关应当制作行政复议调解书，经各方当事人签字或者签章，并加盖行政复议机关印章，即具有法律效力。 b. 行政复议调解未达成协议或者调解书生效前一方反悔的，行政复议机关应当依法审查或者及时作出行政复议决定	a. 当事人达成和解后，由申请人向行政复议机构撤回行政复议申请。 b. 当事人达成和解后，由申请人向行政复议机构撤回行政复议申请。行政复议机构准予撤回行政复议申请、行政复议机关决定终止行政复议的，申请人不得再以同一事实和理由提出行政复议申请。但是，申请人能够证明撤回行政复议申请违背其真实意愿的除外
执行	行政复议调解书是强制执行的依据，申请人不履行行政复议调解书的，由行政复议机关依法强制执行，或者申请人民法院强制执行	和解协议不属于强制执行的文书

⑦行政复议期间行政行为的执行效力

a. 一般情况：行政行为不停止执行

b. 可以停止执行的情况（4 项）

- Ⅰ. 被申请人认为需要停止执行的
- Ⅱ. 行政复议机关认为需要停止执行的
- Ⅲ. 申请人申请停止执行，行政复议机关认为其要求合理，决定停止执行的
- Ⅳ. 法律规定停止执行的

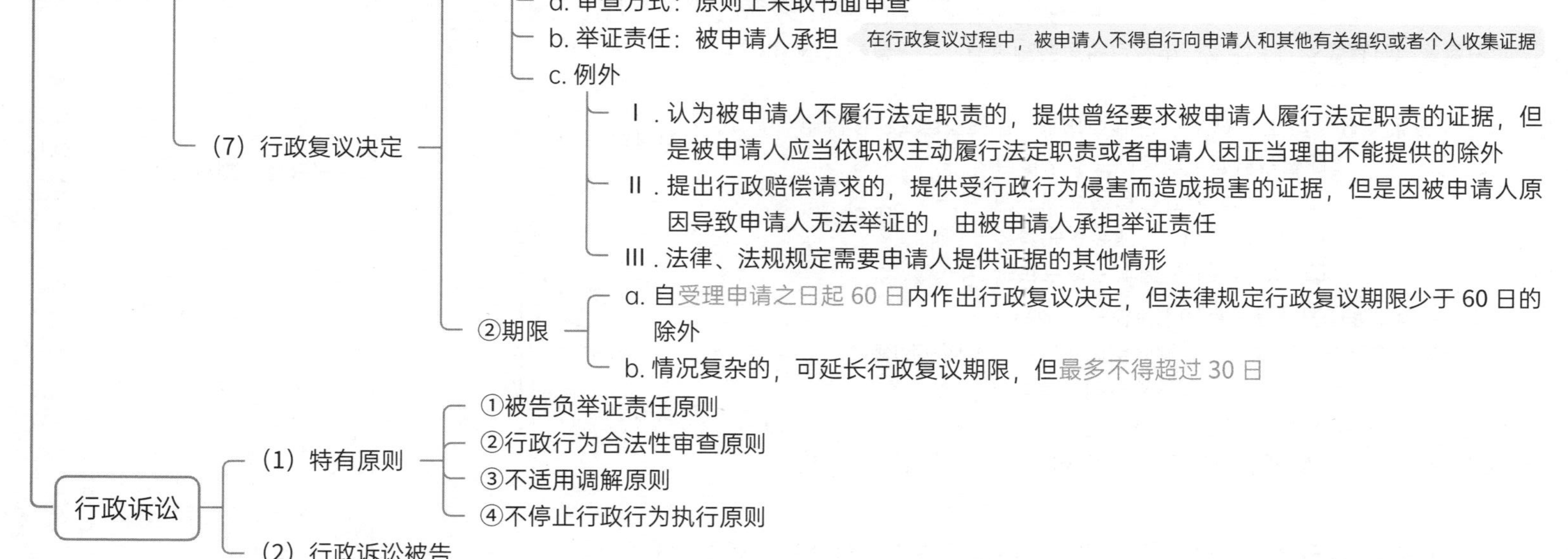

(7) 行政复议决定

- a. 审查方式：原则上采取书面审查
- b. 举证责任：被申请人承担　在行政复议过程中，被申请人不得自行向申请人和其他有关组织或者个人收集证据
- c. 例外
  - Ⅰ. 认为被申请人不履行法定职责的，提供曾经要求被申请人履行法定职责的证据，但是被申请人应当依职权主动履行法定职责或者申请人因正当理由不能提供的除外
  - Ⅱ. 提出行政赔偿请求的，提供受行政行为侵害而造成损害的证据，但是因被申请人原因导致申请人无法举证的，由被申请人承担举证责任
  - Ⅲ. 法律、法规规定需要申请人提供证据的其他情形

②期限
- a. 自受理申请之日起 60 日内作出行政复议决定，但法律规定行政复议期限少于 60 日的除外
- b. 情况复杂的，可延长行政复议期限，但最多不得超过 30 日

行政诉讼

(1) 特有原则
- ①被告负举证责任原则
- ②行政行为合法性审查原则
- ③不适用调解原则
- ④不停止行政行为执行原则

(2) 行政诉讼被告

情形	行政行为作出者	被告	
直接被告	行政机关	作出行政行为的行政机关	
共同被告	两个以上行政机关共同作出	共同作出行政行为的行政机关	
复议案件	作出复议维持决定的行政机关	作出原行政行为的行政机关和复议机关是共同被告	
	作出复议改变决定的行政机关	复议机关	
	复议机关在法定期限内未作出复议决定	起诉原行政行为的	作出原行政行为的行政机关
		起诉复议机关不作为的	复议机关
委托行政	行政机关委托的组织	委托的行政机关	
被授权	法律、法规、规章授权的组织	该授权组织	
经批准	经上级行政机关批准的行政行为	以在对外发生法律效力的文书上署名的机关为被告	
组织	法律、法规或者规章授权行使行政职权的行政机关内设机构、派出机构或者其他组织，超出法定授权范围实施行政行为	幅度越权	实施该行为的机构或者组织
		种类越权	该行政机关

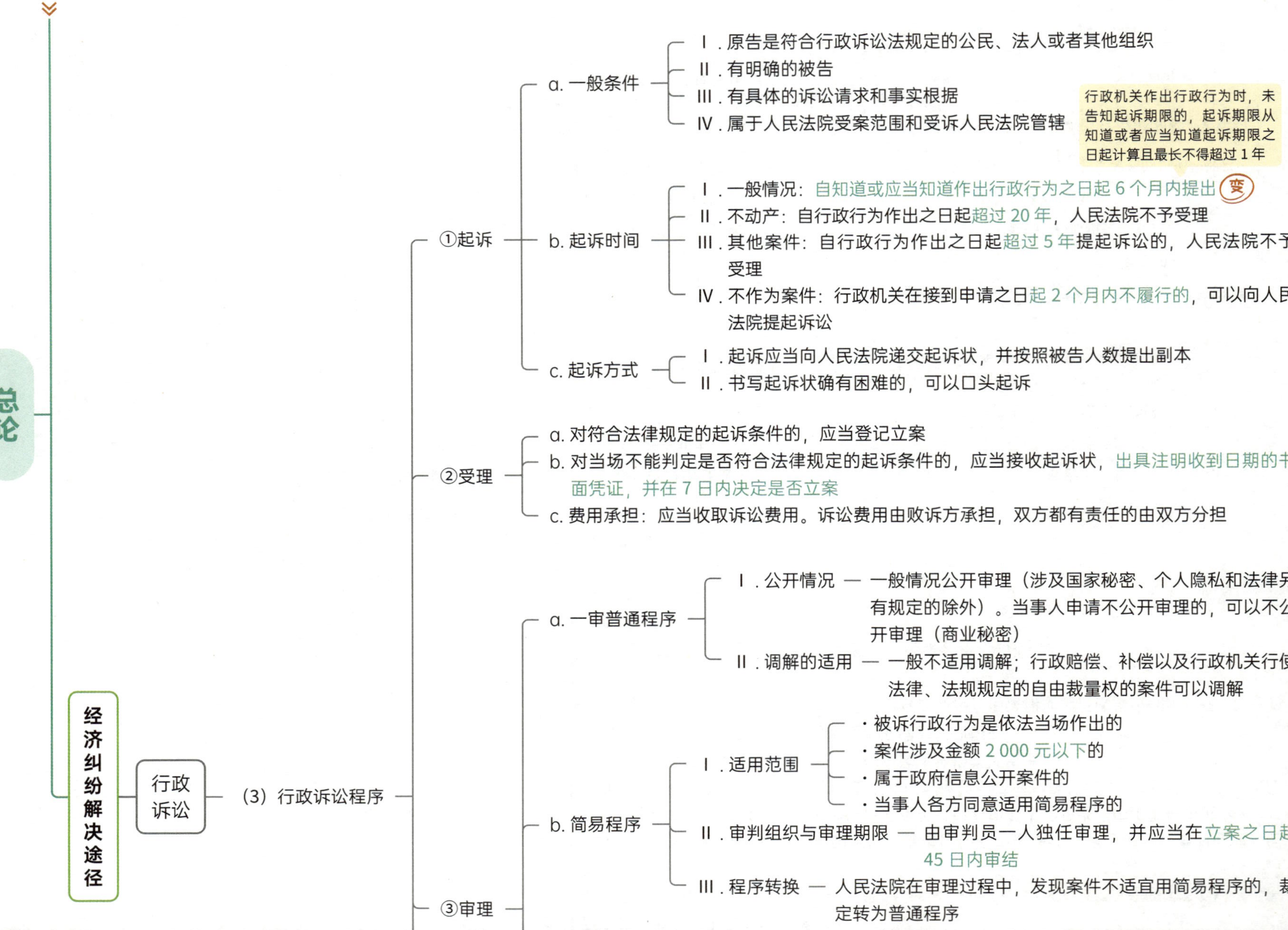
总论
经济纠纷解决途径
行政诉讼
(3) 行政诉讼程序
①起诉
a. 一般条件
Ⅰ. 原告是符合行政诉讼法规定的公民、法人或者其他组织
Ⅱ. 有明确的被告
Ⅲ. 有具体的诉讼请求和事实根据
Ⅳ. 属于人民法院受案范围和受诉人民法院管辖
行政机关作出行政行为时，未告知起诉期限的，起诉期限从知道或者应当知道起诉期限之日起计算且最长不得超过1年
b. 起诉时间
Ⅰ. 一般情况：自知道或应当知道作出行政行为之日起6个月内提出 变
Ⅱ. 不动产：自行政行为作出之日起超过20年，人民法院不予受理
Ⅲ. 其他案件：自行政行为作出之日起超过5年提起诉讼的，人民法院不予受理
Ⅳ. 不作为案件：行政机关在接到申请之日起2个月内不履行的，可以向人民法院提起诉讼
c. 起诉方式
Ⅰ. 起诉应当向人民法院递交起诉状，并按照被告人数提出副本
Ⅱ. 书写起诉状确有困难的，可以口头起诉
②受理
a. 对符合法律规定的起诉条件的，应当登记立案
b. 对当场不能判定是否符合法律规定的起诉条件的，应当接收起诉状，出具注明收到日期的书面凭证，并在7日内决定是否立案
c. 费用承担：应当收取诉讼费用。诉讼费用由败诉方承担，双方都有责任的由双方分担
③审理
a. 一审普通程序
Ⅰ. 公开情况 — 一般情况公开审理（涉及国家秘密、个人隐私和法律另有规定的除外）。当事人申请不公开审理的，可以不公开审理（商业秘密）
Ⅱ. 调解的适用 — 一般不适用调解；行政赔偿、补偿以及行政机关行使法律、法规规定的自由裁量权的案件可以调解
b. 简易程序
Ⅰ. 适用范围
· 被诉行政行为是依法当场作出的
· 案件涉及金额2 000元以下的
· 属于政府信息公开案件的
· 当事人各方同意适用简易程序的
Ⅱ. 审判组织与审理期限 — 由审判员一人独任审理，并应当在立案之日起45日内审结
Ⅲ. 程序转换 — 人民法院在审理过程中，发现案件不适宜用简易程序的，裁定转为普通程序

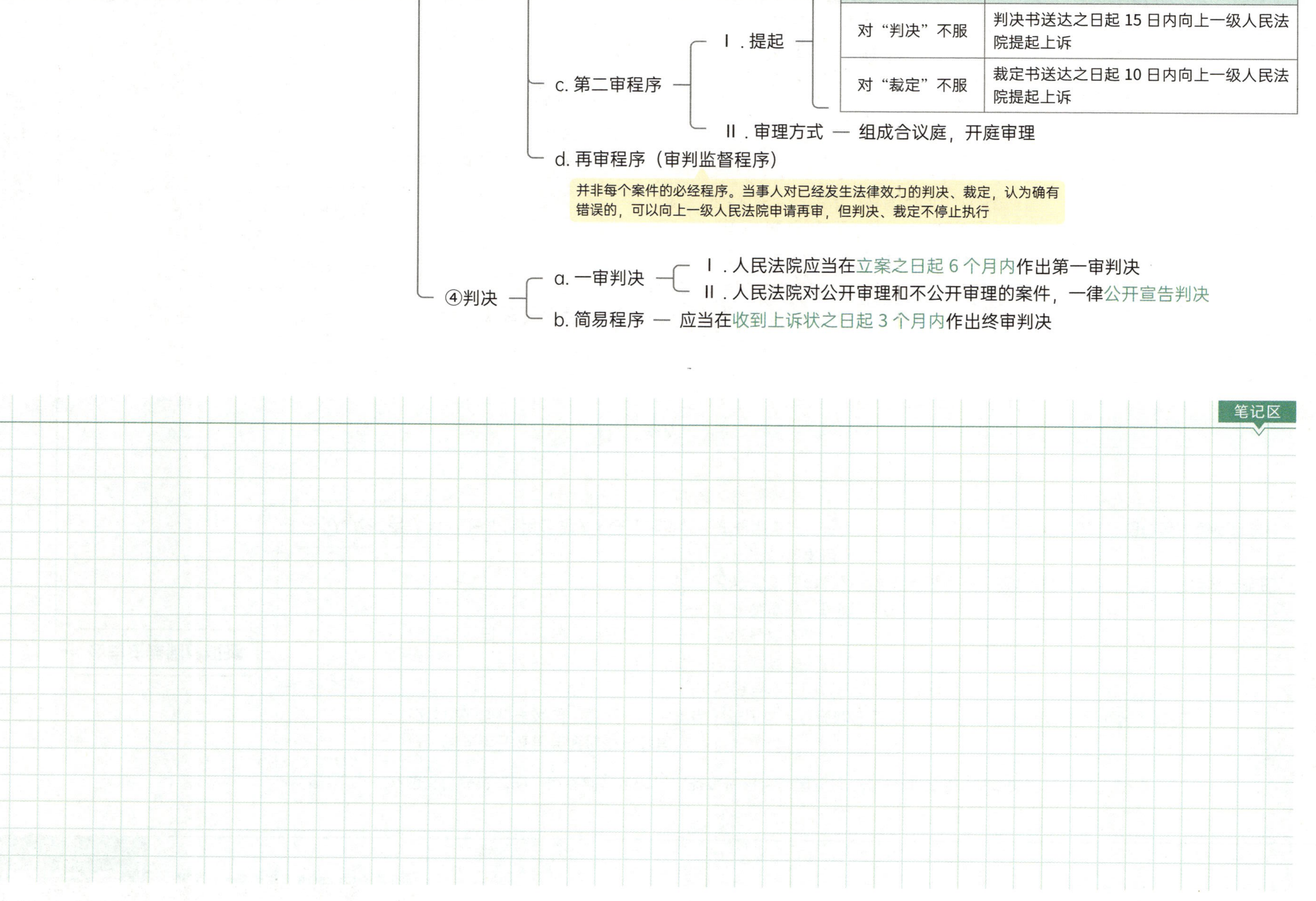

c. 第二审程序

Ⅰ. 提起

情形	具体规定
对“判决”不服	判决书送达之日起 15 日内向上一级人民法院提起上诉
对“裁定”不服	裁定书送达之日起 10 日内向上一级人民法院提起上诉

Ⅱ. 审理方式 — 组成合议庭，开庭审理

d. 再审程序（审判监督程序）

并非每个案件的必经程序。当事人对已经发生法律效力的判决、裁定，认为确有错误的，可以向上一级人民法院申请再审，但判决、裁定不停止执行

④判决

a. 一审判决

Ⅰ. 人民法院应当在立案之日起 6 个月内作出第一审判决

Ⅱ. 人民法院对公开审理和不公开审理的案件，一律公开宣告判决

b. 简易程序 — 应当在收到上诉状之日起 3 个月内作出终审判决

笔记区

第二章 公司法律制度

（考 10 ~ 22 分）

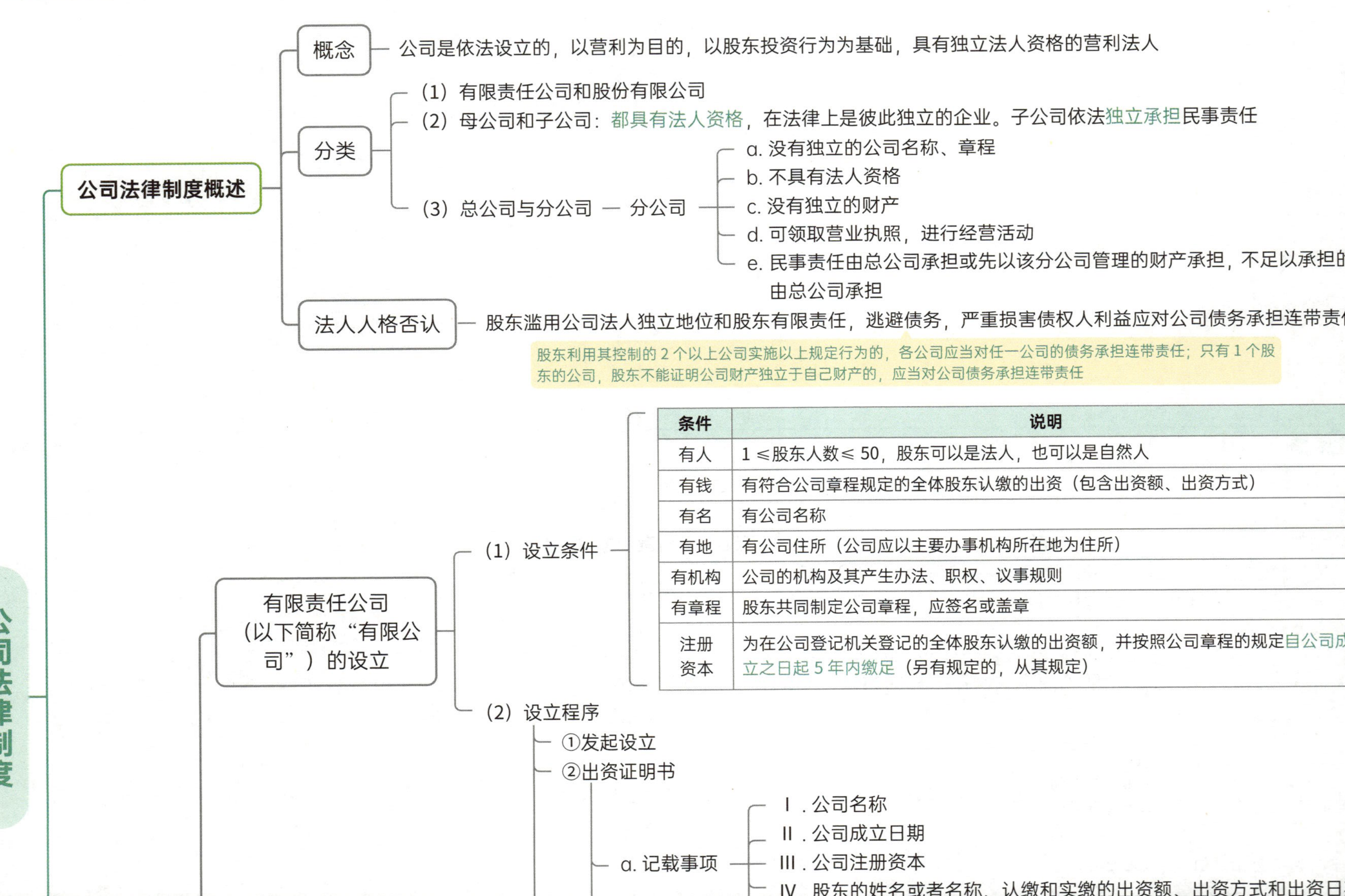

公司法律制度

公司法律制度概述

- 概念 — 公司是依法设立的，以营利为目的，以股东投资行为为基础，具有独立法人资格的营利法人
- 分类
  - （1）有限责任公司和股份有限公司
  - （2）母公司和子公司：都具有法人资格，在法律上是彼此独立的企业。子公司依法独立承担民事责任
  - （3）总公司与分公司 — 分公司
    - a. 没有独立的公司名称、章程
    - b. 不具有法人资格
    - c. 没有独立的财产
    - d. 可领取营业执照，进行经营活动
    - e. 民事责任由总公司承担或先以该分公司管理的财产承担，不足以承担的，由总公司承担
- 法人人格否认 — 股东滥用公司法人独立地位和股东有限责任，逃避债务，严重损害债权人利益应对公司债务承担连带责任

  股东利用其控制的 2 个以上公司实施以上规定行为的，各公司应当对任一公司的债务承担连带责任；只有 1 个股东的公司，股东不能证明公司财产独立于自己财产的，应当对公司债务承担连带责任

有限责任公司（以下简称“有限公司”）的设立

（1）设立条件

条件	说明
有人	1 ≤股东人数≤ 50，股东可以是法人，也可以是自然人
有钱	有符合公司章程规定的全体股东认缴的出资（包含出资额、出资方式）
有名	有公司名称
有地	有公司住所（公司应以主要办事机构所在地为住所）
有机构	公司的机构及其产生办法、职权、议事规则
有章程	股东共同制定公司章程，应签名或盖章
注册资本	为在公司登记机关登记的全体股东认缴的出资额，并按照公司章程的规定自公司成立之日起 5 年内缴足（另有规定的，从其规定）

（2）设立程序

- ①发起设立
- ②出资证明书
  - a. 记载事项
    - Ⅰ. 公司名称
    - Ⅱ. 公司成立日期
    - Ⅲ. 公司注册资本
    - Ⅳ. 股东的姓名或者名称、认缴和实缴的出资额、出资方式和出资日期

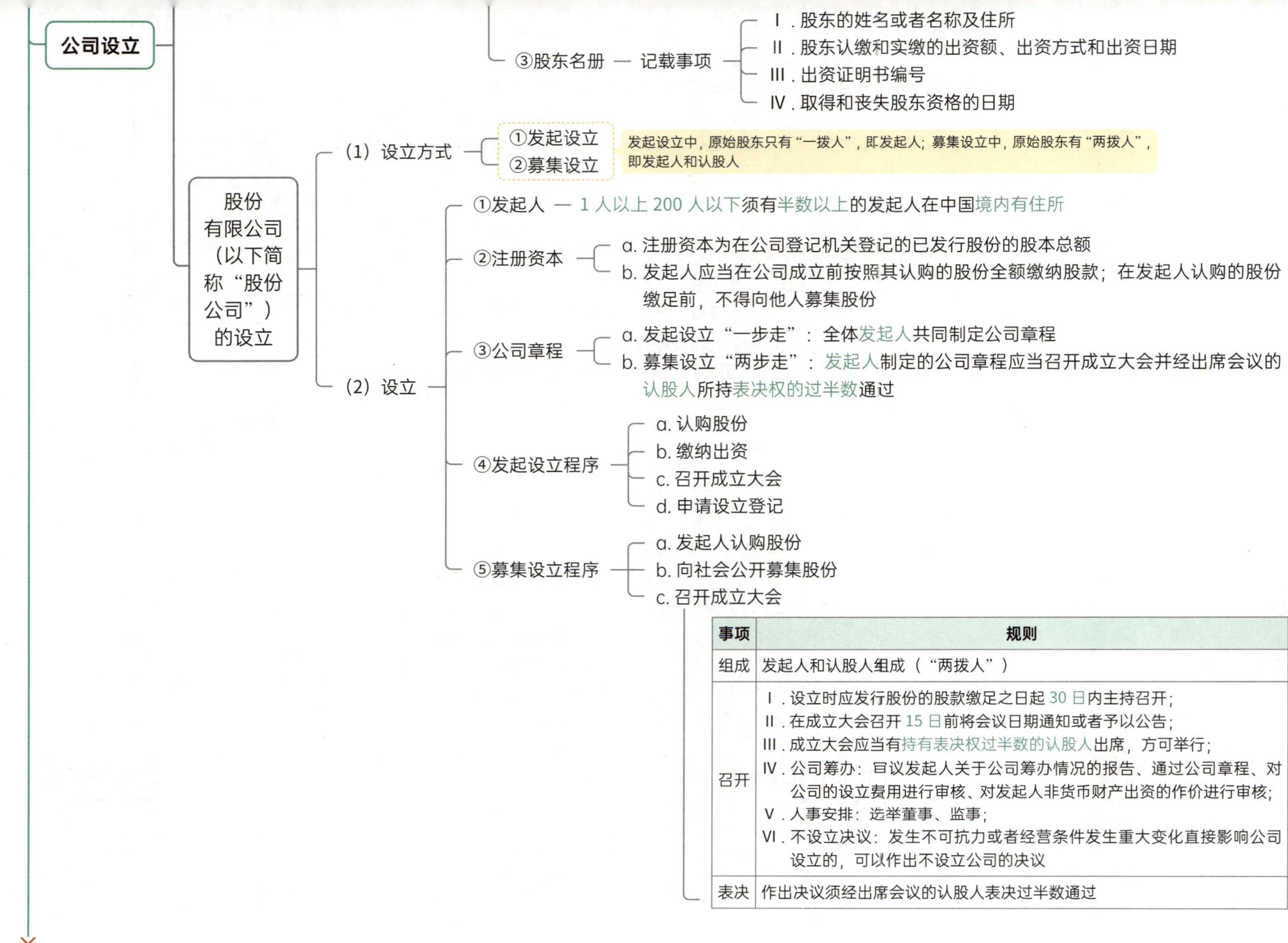

事项	规则
组成	发起人和认股人组成（“两拨人”）
召开	Ⅰ．设立时应发行股份的股款缴足之日起 30 日内主持召开； Ⅱ．在成立大会召开 15 日前将会议日期通知或者予以公告； Ⅲ．成立大会应当有持有表决权过半数的认股人出席，方可举行； Ⅳ．公司筹办：审议发起人关于公司筹办情况的报告、通过公司章程、对公司的设立费用进行审核、对发起人非货币财产出资的作价进行审核； Ⅴ．人事安排：选举董事、监事； Ⅵ．不设立决议：发生不可抗力或者经营条件发生重大变化直接影响公司设立的，可以作出不设立公司的决议
表决	作出决议须经出席会议的认股人表决过半数通过

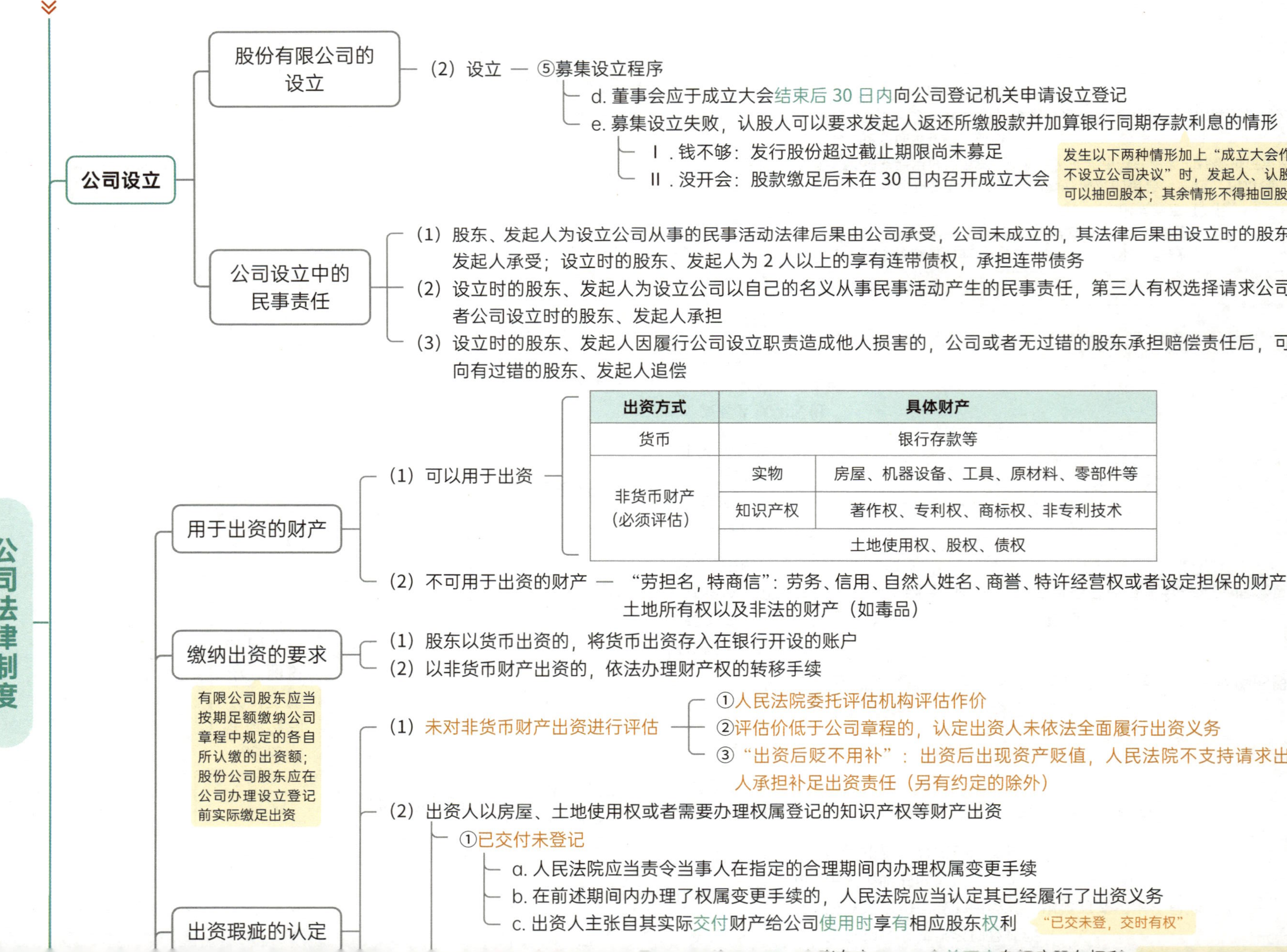

公司法律制度

公司设立

股份有限公司的设立

（2）设立 — ⑤募集设立程序

- d. 董事会应于成立大会结束后 30 日内向公司登记机关申请设立登记
- e. 募集设立失败，认股人可以要求发起人返还所缴股款并加算银行同期存款利息的情形
  - Ⅰ. 钱不够：发行股份超过截止期限尚未募足
  - Ⅱ. 没开会：股款缴足后未在 30 日内召开成立大会

发生以下两种情形加上“成立大会作出不设立公司决议”时，发起人、认股人可以抽回股本；其余情形不得抽回股本

公司设立中的民事责任

（1）股东、发起人为设立公司从事的民事活动法律后果由公司承受，公司未成立的，其法律后果由设立时的股东、发起人承受；设立时的股东、发起人为 2 人以上的享有连带债权，承担连带债务

（2）设立时的股东、发起人为设立公司以自己的名义从事民事活动产生的民事责任，第三人有权选择请求公司或者公司设立时的股东、发起人承担

（3）设立时的股东、发起人因履行公司设立职责造成他人损害的，公司或者无过错的股东承担赔偿责任后，可以向有过错的股东、发起人追偿

用于出资的财产

（1）可以用于出资

出资方式	具体财产	
货币	银行存款等	
非货币财产（必须评估）	实物	房屋、机器设备、工具、原材料、零部件等
	知识产权	著作权、专利权、商标权、非专利技术
	土地使用权、股权、债权	

（2）不可用于出资的财产 — “劳担名，特商信”：劳务、信用、自然人姓名、商誉、特许经营权或者设定担保的财产、土地所有权以及非法的财产（如毒品）

缴纳出资的要求

（1）股东以货币出资的，将货币出资存入在银行开设的账户

（2）以非货币财产出资的，依法办理财产权的转移手续

有限公司股东应当按期足额缴纳公司章程中规定的各自所认缴的出资额；股份公司股东应在公司办理设立登记前实际缴足出资

出资瑕疵的认定

（1）未对非货币财产出资进行评估

- ①人民法院委托评估机构评估作价
- ②评估价低于公司章程的，认定出资人未依法全面履行出资义务
- ③“出资后贬不用补”：出资后出现资产贬值，人民法院不支持请求出资人承担补足出资责任（另有约定的除外）

（2）出资人以房屋、土地使用权或者需要办理权属登记的知识产权等财产出资

①已交付未登记

- a. 人民法院应当责令当事人在指定的合理期间内办理权属变更手续
- b. 在前述期间内办理了权属变更手续的，人民法院应当认定其已经履行了出资义务
- c. 出资人主张自其实际交付财产给公司使用时享有相应股东权利　“已交未登，交时有权”

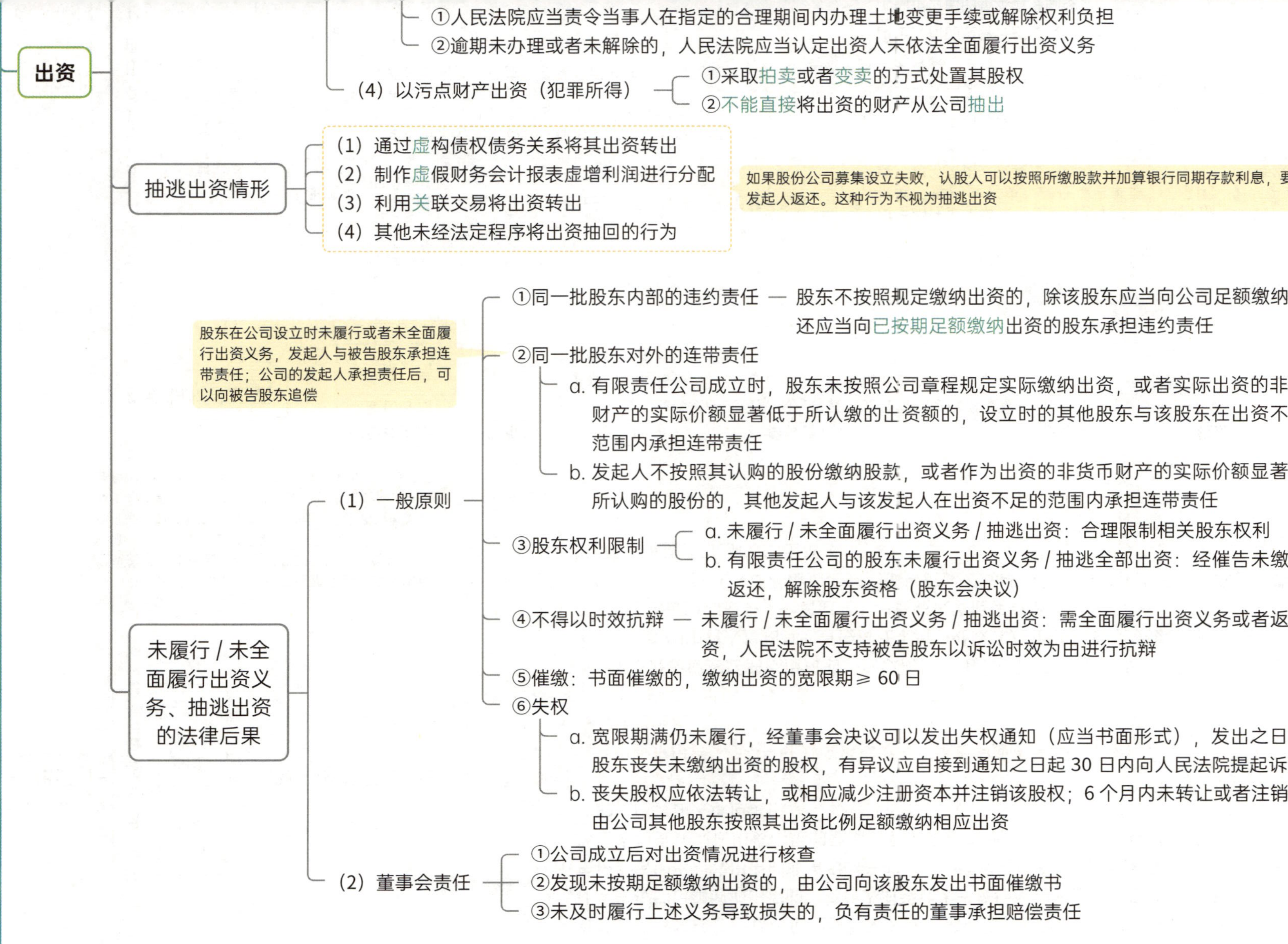

- 出资
  - ①人民法院应当责令当事人在指定的合理期间内办理土地变更手续或解除权利负担
  - ②逾期未办理或者未解除的，人民法院应当认定出资人未依法全面履行出资义务
  - （4）以污点财产出资（犯罪所得）
    - ①采取拍卖或者变卖的方式处置其股权
    - ②不能直接将出资的财产从公司抽出
  - 抽逃出资情形
    - （1）通过虚构债权债务关系将其出资转出
    - （2）制作虚假财务会计报表虚增利润进行分配
    - （3）利用关联交易将出资转出
    - （4）其他未经法定程序将出资抽回的行为

    如果股份公司募集设立失败，认股人可以按照所缴股款并加算银行同期存款利息，要求发起人返还。这种行为不视为抽逃出资
  - 未履行 / 未全面履行出资义务、抽逃出资的法律后果
    - （1）一般原则
      - ①同一批股东内部的违约责任 — 股东不按照规定缴纳出资的，除该股东应当向公司足额缴纳外，还应当向已按期足额缴纳出资的股东承担违约责任
      - ②同一批股东对外的连带责任

        股东在公司设立时未履行或者未全面履行出资义务，发起人与被告股东承担连带责任；公司的发起人承担责任后，可以向被告股东追偿
        - a. 有限责任公司成立时，股东未按照公司章程规定实际缴纳出资，或者实际出资的非货币财产的实际价额显著低于所认缴的出资额的，设立时的其他股东与该股东在出资不足的范围内承担连带责任
        - b. 发起人不按照其认购的股份缴纳股款，或者作为出资的非货币财产的实际价额显著低于所认购的股份的，其他发起人与该发起人在出资不足的范围内承担连带责任
      - ③股东权利限制
        - a. 未履行 / 未全面履行出资义务 / 抽逃出资：合理限制相关股东权利
        - b. 有限责任公司的股东未履行出资义务 / 抽逃全部出资：经催告未缴纳 / 返还，解除股东资格（股东会决议）
      - ④不得以时效抗辩 — 未履行 / 未全面履行出资义务 / 抽逃出资：需全面履行出资义务或者返还出资，人民法院不支持被告股东以诉讼时效为由进行抗辩
      - ⑤催缴：书面催缴的，缴纳出资的宽限期 ≥ 60 日
      - ⑥失权
        - a. 宽限期满仍未履行，经董事会决议可以发出失权通知（应当书面形式），发出之日起该股东丧失未缴纳出资的股权，有异议应自接到通知之日起 30 日内向人民法院提起诉讼
        - b. 丧失股权应依法转让，或相应减少注册资本并注销该股权；6 个月内未转让或者注销的，由公司其他股东按照其出资比例足额缴纳相应出资
    - （2）董事会责任
      - ①公司成立后对出资情况进行核查
      - ②发现未按期足额缴纳出资的，由公司向该股东发出书面催缴书
      - ③未及时履行上述义务导致损失的，负有责任的董事承担赔偿责任

公司法律制度

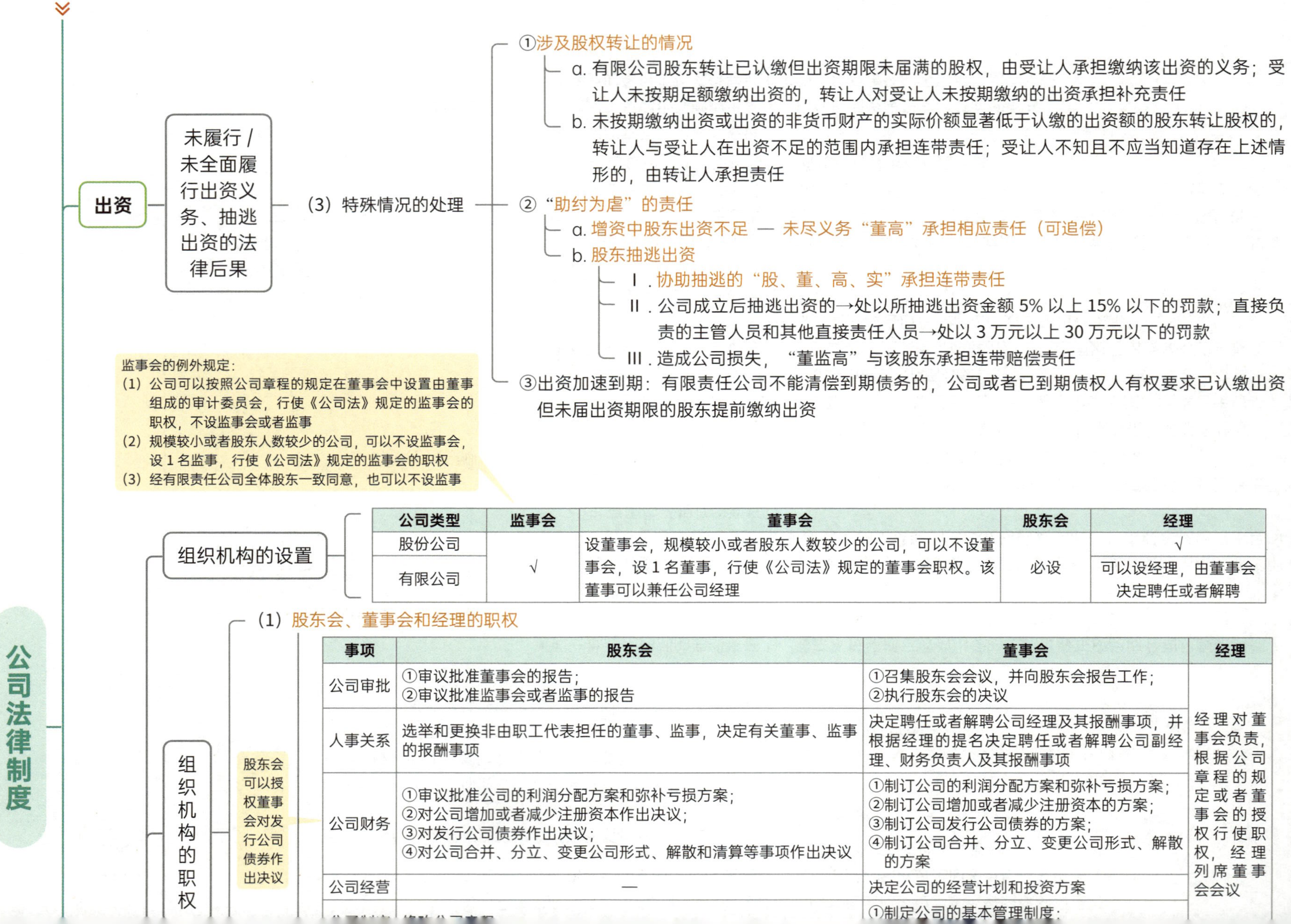

出资

未履行/未全面履行出资义务、抽逃出资的法律后果

（3）特殊情况的处理

①涉及股权转让的情况

a. 有限公司股东转让已认缴但出资期限未届满的股权，由受让人承担缴纳该出资的义务；受让人未按期足额缴纳出资的，转让人对受让人未按期缴纳的出资承担补充责任

b. 未按期缴纳出资或出资的非货币财产的实际价额显著低于认缴的出资额的股东转让股权的，转让人与受让人在出资不足的范围内承担连带责任；受让人不知且不应当知道存在上述情形的，由转让人承担责任

②“助纣为虐”的责任

a. 增资中股东出资不足 — 未尽义务“董高”承担相应责任（可追偿）

b. 股东抽逃出资

Ⅰ. 协助抽逃的“股、董、高、实”承担连带责任

Ⅱ. 公司成立后抽逃出资的→处以所抽逃出资金额 5% 以上 15% 以下的罚款；直接负责的主管人员和其他直接责任人员→处以 3 万元以上 30 万元以下的罚款

Ⅲ. 造成公司损失，“董监高”与该股东承担连带赔偿责任

③出资加速到期：有限责任公司不能清偿到期债务的，公司或者已到期债权人有权要求已认缴出资但未届出资期限的股东提前缴纳出资

组织机构的职权

组织机构的设置

监事会的例外规定：
（1）公司可以按照公司章程的规定在董事会中设置由董事组成的审计委员会，行使《公司法》规定的监事会的职权，不设监事会或者监事
（2）规模较小或者股东人数较少的公司，可以不设监事会，设 1 名监事，行使《公司法》规定的监事会的职权
（3）经有限责任公司全体股东一致同意，也可以不设监事

公司类型	监事会	董事会	股东会	经理
股份公司	√	设董事会，规模较小或者股东人数较少的公司，可以不设董事会，设 1 名董事，行使《公司法》规定的董事会职权。该董事可以兼任公司经理	必设	√
有限公司				可以设经理，由董事会决定聘任或者解聘

（1）股东会、董事会和经理的职权

股东会可以授权董事会对发行公司债券作出决议

事项	股东会	董事会	经理
公司审批	①审议批准董事会的报告； ②审议批准监事会或者监事的报告	①召集股东会会议，并向股东会报告工作； ②执行股东会的决议	经理对董事会负责，根据公司章程的规定或者董事会的授权行使职权，经理列席董事会会议
人事关系	选举和更换非由职工代表担任的董事、监事，决定有关董事、监事的报酬事项	决定聘任或者解聘公司经理及其报酬事项，并根据经理的提名决定聘任或者解聘公司副经理、财务负责人及其报酬事项	
公司财务	①审议批准公司的利润分配方案和弥补亏损方案； ②对公司增加或者减少注册资本作出决议； ③对发行公司债券作出决议； ④对公司合并、分立、变更公司形式、解散和清算等事项作出决议	①制订公司的利润分配方案和弥补亏损方案； ②制订公司增加或者减少注册资本的方案； ③制订公司发行公司债券的方案； ④制订公司合并、分立、变更公司形式、解散的方案	
公司经营	—	决定公司的经营计划和投资方案	
[illegible]	[illegible]	①制定公司的基本管理制度；	

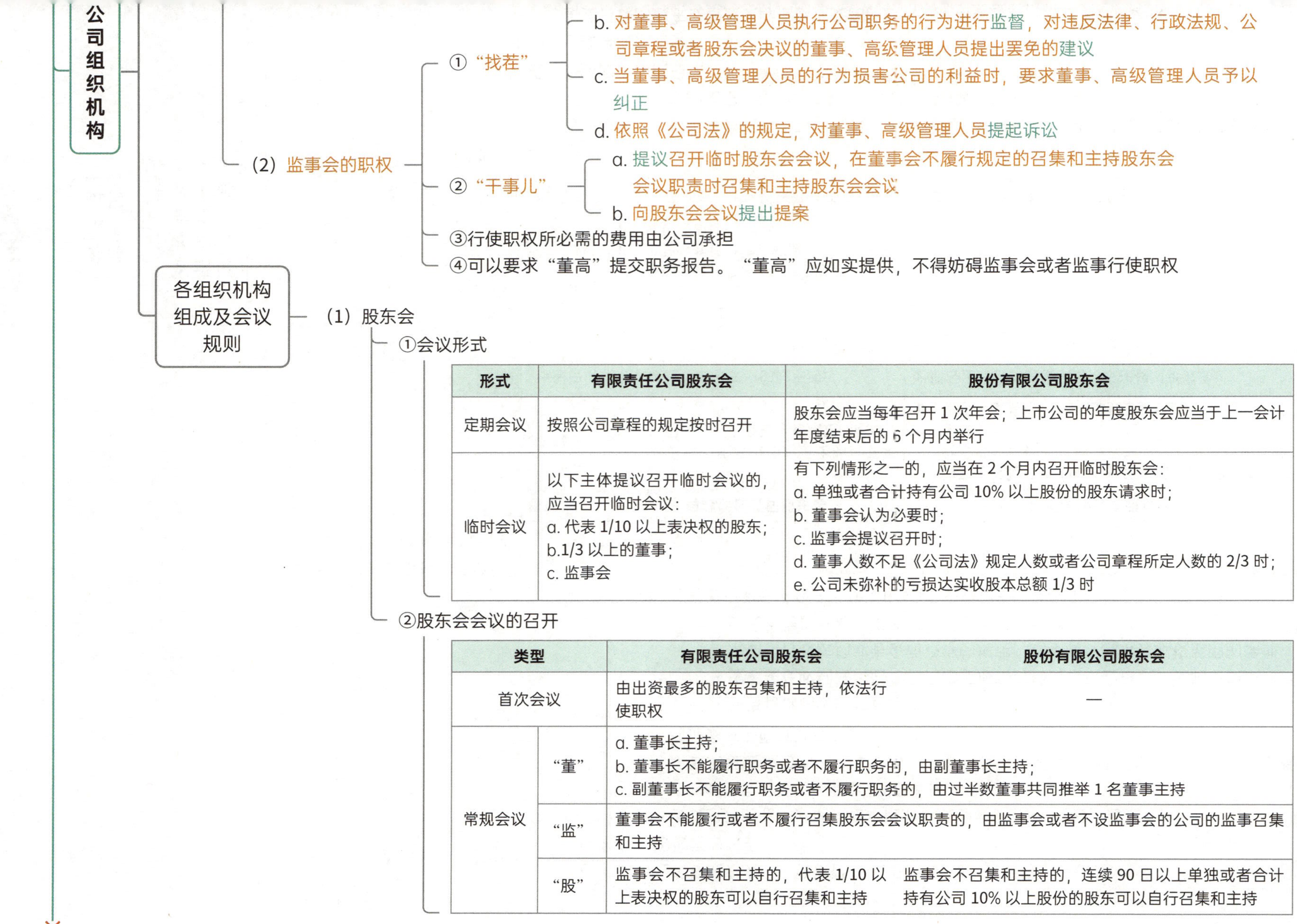

公司组织机构

(2) 监事会的职权

① “找茬”

b. 对董事、高级管理人员执行公司职务的行为进行监督，对违反法律、行政法规、公司章程或者股东会决议的董事、高级管理人员提出罢免的建议

c. 当董事、高级管理人员的行为损害公司的利益时，要求董事、高级管理人员予以纠正

d. 依照《公司法》的规定，对董事、高级管理人员提起诉讼

② “干事儿”

a. 提议召开临时股东会会议，在董事会不履行规定的召集和主持股东会会议职责时召集和主持股东会会议

b. 向股东会会议提出提案

③行使职权所必需的费用由公司承担

④可以要求“董高”提交职务报告。“董高”应如实提供，不得妨碍监事会或者监事行使职权

各组织机构组成及会议规则

(1) 股东会

①会议形式

形式	有限责任公司股东会	股份有限公司股东会
定期会议	按照公司章程的规定按时召开	股东会应当每年召开 1 次年会；上市公司的年度股东会应当于上一会计年度结束后的 6 个月内举行
临时会议	以下主体提议召开临时会议的，应当召开临时会议： a. 代表 1/10 以上表决权的股东； b.1/3 以上的董事； c. 监事会	有下列情形之一的，应当在 2 个月内召开临时股东会： a. 单独或者合计持有公司 10% 以上股份的股东请求时； b. 董事会认为必要时； c. 监事会提议召开时； d. 董事人数不足《公司法》规定人数或者公司章程所定人数的 2/3 时； e. 公司未弥补的亏损达实收股本总额 1/3 时

②股东会会议的召开

类型		有限责任公司股东会	股份有限公司股东会
首次会议		由出资最多的股东召集和主持，依法行使职权	—
常规会议	“董”	a. 董事长主持； b. 董事长不能履行职务或者不履行职务的，由副董事长主持； c. 副董事长不能履行职务或者不履行职务的，由过半数董事共同推举 1 名董事主持	
	“监”	董事会不能履行或者不履行召集股东会会议职责的，由监事会或者不设监事会的公司的监事召集和主持	
	“股”	监事会不召集和主持的，代表 1/10 以上表决权的股东可以自行召集和主持	监事会不召集和主持的，连续 90 日以上单独或者合计持有公司 10% 以上股份的股东可以自行召集和主持

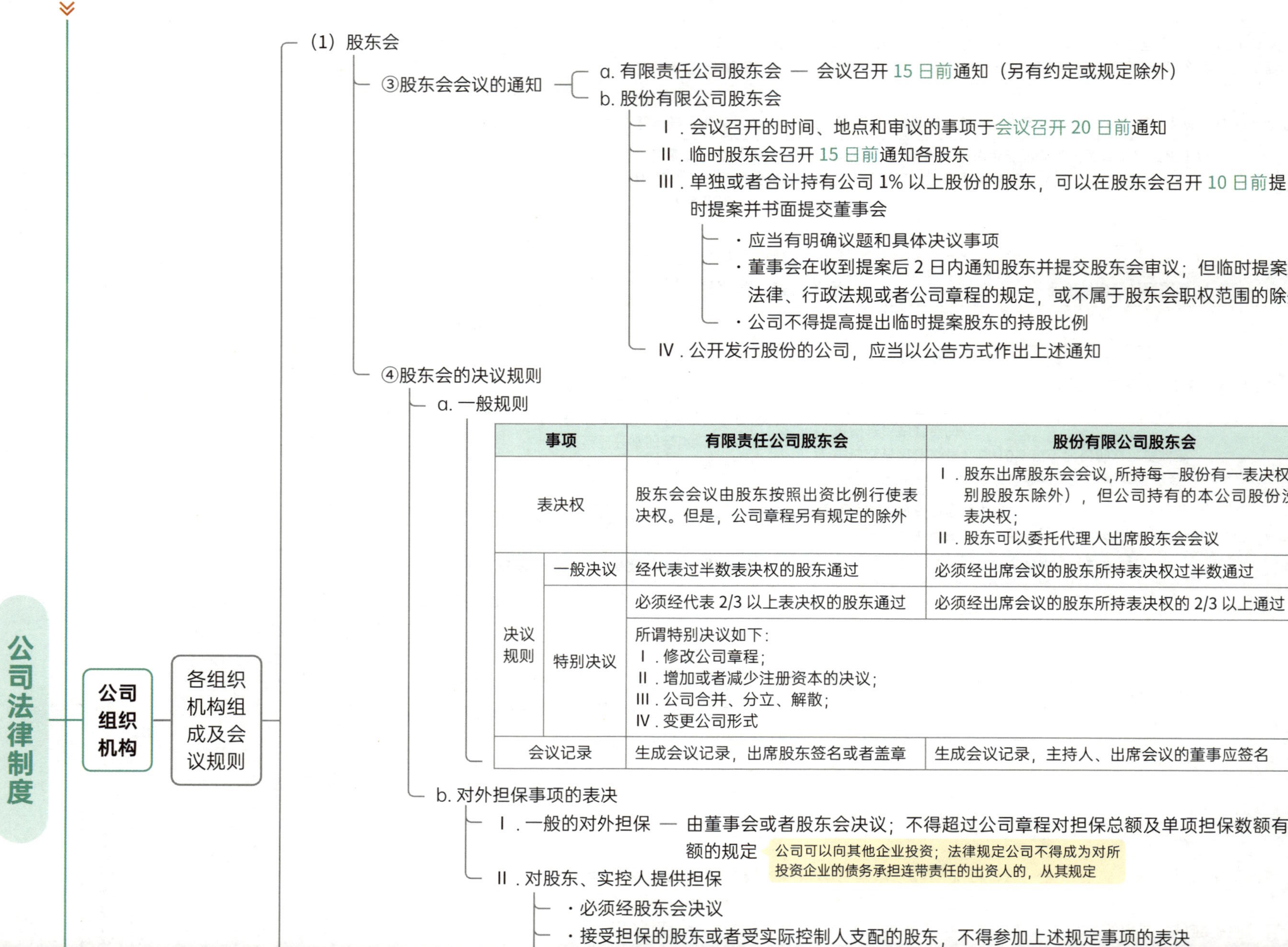

公司法律制度

公司组织机构

各组织机构组成及会议规则

(1) 股东会

③股东会会议的通知

a. 有限责任公司股东会 — 会议召开 15 日前通知（另有约定或规定除外）

b. 股份有限公司股东会

Ⅰ. 会议召开的时间、地点和审议的事项于会议召开 20 日前通知

Ⅱ. 临时股东会召开 15 日前通知各股东

Ⅲ. 单独或者合计持有公司 1% 以上股份的股东，可以在股东会召开 10 日前提出临时提案并书面提交董事会

- 应当有明确议题和具体决议事项
- 董事会在收到提案后 2 日内通知股东并提交股东会审议；但临时提案违反法律、行政法规或者公司章程的规定，或不属于股东会职权范围的除外
- 公司不得提高提出临时提案股东的持股比例

Ⅳ. 公开发行股份的公司，应当以公告方式作出上述通知

④股东会的决议规则

a. 一般规则

事项		有限责任公司股东会	股份有限公司股东会
表决权		股东会会议由股东按照出资比例行使表决权。但是，公司章程另有规定的除外	Ⅰ. 股东出席股东会会议，所持每一股份有一表决权（类别股股东除外），但公司持有的本公司股份没有表决权； Ⅱ. 股东可以委托代理人出席股东会会议
决议规则	一般决议	经代表过半数表决权的股东通过	必须经出席会议的股东所持表决权过半数通过
	特别决议	必须经代表 2/3 以上表决权的股东通过	必须经出席会议的股东所持表决权的 2/3 以上通过
		所谓特别决议如下： Ⅰ. 修改公司章程； Ⅱ. 增加或者减少注册资本的决议； Ⅲ. 公司合并、分立、解散； Ⅳ. 变更公司形式	
会议记录		生成会议记录，出席股东签名或者盖章	生成会议记录，主持人、出席会议的董事应签名

b. 对外担保事项的表决

Ⅰ. 一般的对外担保 — 由董事会或者股东会决议；不得超过公司章程对担保总额及单项担保数额有限额的规定

公司可以向其他企业投资；法律规定公司不得成为对所投资企业的债务承担连带责任的出资人的，从其规定

Ⅱ. 对股东、实控人提供担保

- 必须经股东会决议
- 接受担保的股东或者受实际控制人支配的股东，不得参加上述规定事项的表决

(2) 董事会

事项	有限责任公司	股份有限公司
设置	公司设董事会，股东人数较少、规模较小可以不设董事会，设 1 名董事，行使董事会职权。该董事可以兼任经理	
人数	3 人以上	
任期	a. 董事任期由公司章程规定，但每届任期不得超过 3 年（≤ 3）； b. 董事任期届满，连选可以连任； c. 董事任期届满未及时改选，或者董事在任期内辞职导致董事会成员低于法定人数的，在改选出的董事就任前，原董事仍应当依照法律、行政法规和公司章程的规定，履行董事职务	
职工代表	a. 可以有职工代表。职工人数 300 人以上的，除依法设监事会并有公司职工代表的外，其董事会成员中应当有公司职工代表； b 职工代表由公司职工通过职工代表大会、职工大会或者其他形式民主选举产生	
董事长与副董事长	董事会设董事长 1 人，可以设副董事长	
	董事长、副董事长的产生办法由公司章程规定	董事长和副董事长由董事会以全体董事的过半数选举产生
辞任	董事辞任应当以书面形式通知公司，公司收到通知之日辞任生效，但存在任期中第三种情形的，董事应当继续履行职务	
解任	股东会可以决议解任董事，决议作出之日解任生效。无正当理由，在任期届满前解任董事的，该董事可以要求公司予以赔偿	

②董事会会议的记录和决议

事项	有限责任公司	股份有限公司
出席	董事会会议应有过半数的董事出席方可举行	a. 董事会会议应有过半数的董事出席方可举行； b. 董事因故不能出席，可以书面委托其他董事代为出席
表决	除《公司法》另有规定外，由公司章程规定： a. 董事会决议的表决，实行一人一票； b. 董事会作出决议，应当经全体董事的过半数通过	a. 董事会决议的表决，实行一人一票； b. 董事会作出决议，应当经全体董事的过半数通过
会议记录	董事会应当对所议事项的决定作成会议记录，出席会议的董事应当在会议记录上签名	

③审计委员会

项目		具体规定
成员	人数	审计委员会成员为 3 名以上
	限制	过半数成员不得在公司担任除董事以外的其他职务
		不得与公司存在任何可能影响其独立客观判断的关系
表决与决议		a. 审计委员会的议事方式和表决程序，除《公司法》有规定的外，由公司章程规定。 b. 审计委员会决议的表决，应当一人一票。 c. 审计委员会作出决议，应当经审计委员会成员的过半数通过

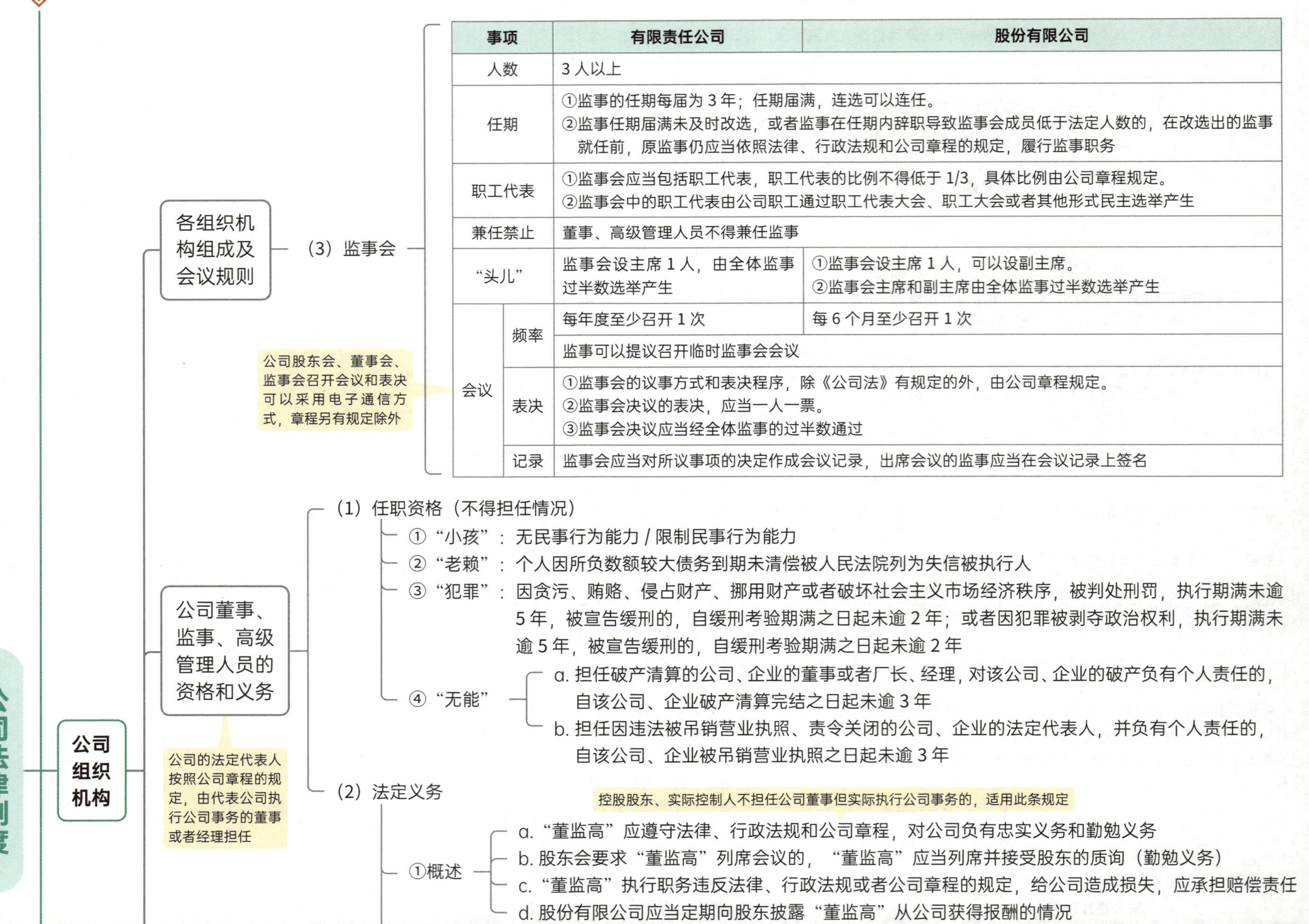

公司法律制度

公司组织机构

各组织机构组成及会议规则

（3）监事会

事项		有限责任公司	股份有限公司
人数		3 人以上	
任期		①监事的任期每届为 3 年；任期届满，连选可以连任。 ②监事任期届满未及时改选，或者监事在任期内辞职导致监事会成员低于法定人数的，在改选出的监事就任前，原监事仍应当依照法律、行政法规和公司章程的规定，履行监事职务	
职工代表		①监事会应当包括职工代表，职工代表的比例不得低于 1/3，具体比例由公司章程规定。 ②监事会中的职工代表由公司职工通过职工代表大会、职工大会或者其他形式民主选举产生	
兼任禁止		董事、高级管理人员不得兼任监事	
“头儿”		监事会设主席 1 人，由全体监事过半数选举产生	①监事会设主席 1 人，可以设副主席。 ②监事会主席和副主席由全体监事过半数选举产生
会议	频率	每年度至少召开 1 次	每 6 个月至少召开 1 次
		监事可以提议召开临时监事会会议	
	表决	①监事会的议事方式和表决程序，除《公司法》有规定的外，由公司章程规定。 ②监事会决议的表决，应当一人一票。 ③监事会决议应当经全体监事的过半数通过	
	记录	监事会应当对所议事项的决定作成会议记录，出席会议的监事应当在会议记录上签名	

公司股东会、董事会、监事会召开会议和表决可以采用电子通信方式，章程另有规定除外

公司董事、监事、高级管理人员的资格和义务

公司的法定代表人按照公司章程的规定，由代表公司执行公司事务的董事或者经理担任

（1）任职资格（不得担任情况）

- ①“小孩”：无民事行为能力 / 限制民事行为能力
- ②“老赖”：个人因所负数额较大债务到期未清偿被人民法院列为失信被执行人
- ③“犯罪”：因贪污、贿赂、侵占财产、挪用财产或者破坏社会主义市场经济秩序，被判处刑罚，执行期满未逾 5 年，被宣告缓刑的，自缓刑考验期满之日起未逾 2 年；或者因犯罪被剥夺政治权利，执行期满未逾 5 年，被宣告缓刑的，自缓刑考验期满之日起未逾 2 年
- ④“无能”
  - a. 担任破产清算的公司、企业的董事或者厂长、经理，对该公司、企业的破产负有个人责任的，自该公司、企业破产清算完结之日起未逾 3 年
  - b. 担任因违法被吊销营业执照、责令关闭的公司、企业的法定代表人，并负有个人责任的，自该公司、企业被吊销营业执照之日起未逾 3 年

（2）法定义务

控股股东、实际控制人不担任公司董事但实际执行公司事务的，适用此条规定

- ①概述
  - a.“董监高”应遵守法律、行政法规和公司章程，对公司负有忠实义务和勤勉义务
  - b. 股东会要求“董监高”列席会议的，“董监高”应当列席并接受股东的质询（勤勉义务）
  - c.“董监高”执行职务违反法律、行政法规或者公司章程的规定，给公司造成损失，应承担赔偿责任
  - d. 股份有限公司应当定期向股东披露“董监高”从公司获得报酬的情况

a. 绝对禁止

- Ⅱ . 将公司资金以其个人名义或者以其他个人名义开立账户存储
- Ⅲ . 接受他人与公司交易的佣金归为己有
- Ⅳ . 擅自披露公司秘密
- Ⅴ . 利用职权贿赂或者收受其他非法收入
- Ⅵ . 违反对公司忠实义务的其他行为

b. 相对禁止

记忆提示	事项	程序	决议要求	违反后果
交易	董事、监事、高级管理人员及近亲属和实际控制的企业，直接或者间接与本公司订立合同或者进行交易	向董事会或者股东会报告，并按照公司章程的规定经董事会或者股东会决议通过	Ⅰ . 关联董事不得参与表决，其表决权不计入表决权总数。 Ⅱ . 出席董事会会议的无关联关系董事人数不足 3 人的，应当将该事项提交股东会审议	所得收入归公司所有
竞争	董事、监事、高级管理人员不得自营或者为他人经营与其任职公司同类的业务	向董事会或者股东会报告，并按照公司章程的规定经董事会或者股东会决议通过		
“抢饭碗”	董事、监事、高级管理人员，不得利用职务便利为自己或者他人谋取属于公司的商业机会	有下列情形之一的除外： Ⅰ . 向董事会或者股东会报告，并按照公司章程的规定经董事会或者股东会决议通过。 Ⅱ . 根据法律、行政法规或者公司章程的规定，公司不能利用该商业机会		

公司决议效力瑕疵

(1) 不成立情形

- ①公司未召开会议的
- ②未对决议事项进行表决
- ③出席会议的人数或者股东所持表决权不符合公司法或者公司章程规定的
- ④会议的表决结果未达到通过比例的

(2) 公司决议可撤销、无效

①可撤销、无效

违反的规范	内容	程序
法律、行政法规	无效	可撤销
公司章程	可撤销	可撤销

②对于可撤销的公司决议，股东可以自决议作出之日起 60 日内请求人民法院撤销决议。未被通知参加股东会会议的股东自知或应知股东会决议作出之日起 60 日内请求人民法院撤销；自决议作出之日起 1 年内没有行使的，撤销权消灭（知道起 60 日 +1 年）

③原告请求确认股东会、董事会决议不成立、无效或者撤销决议的案件，应当列公司为被告

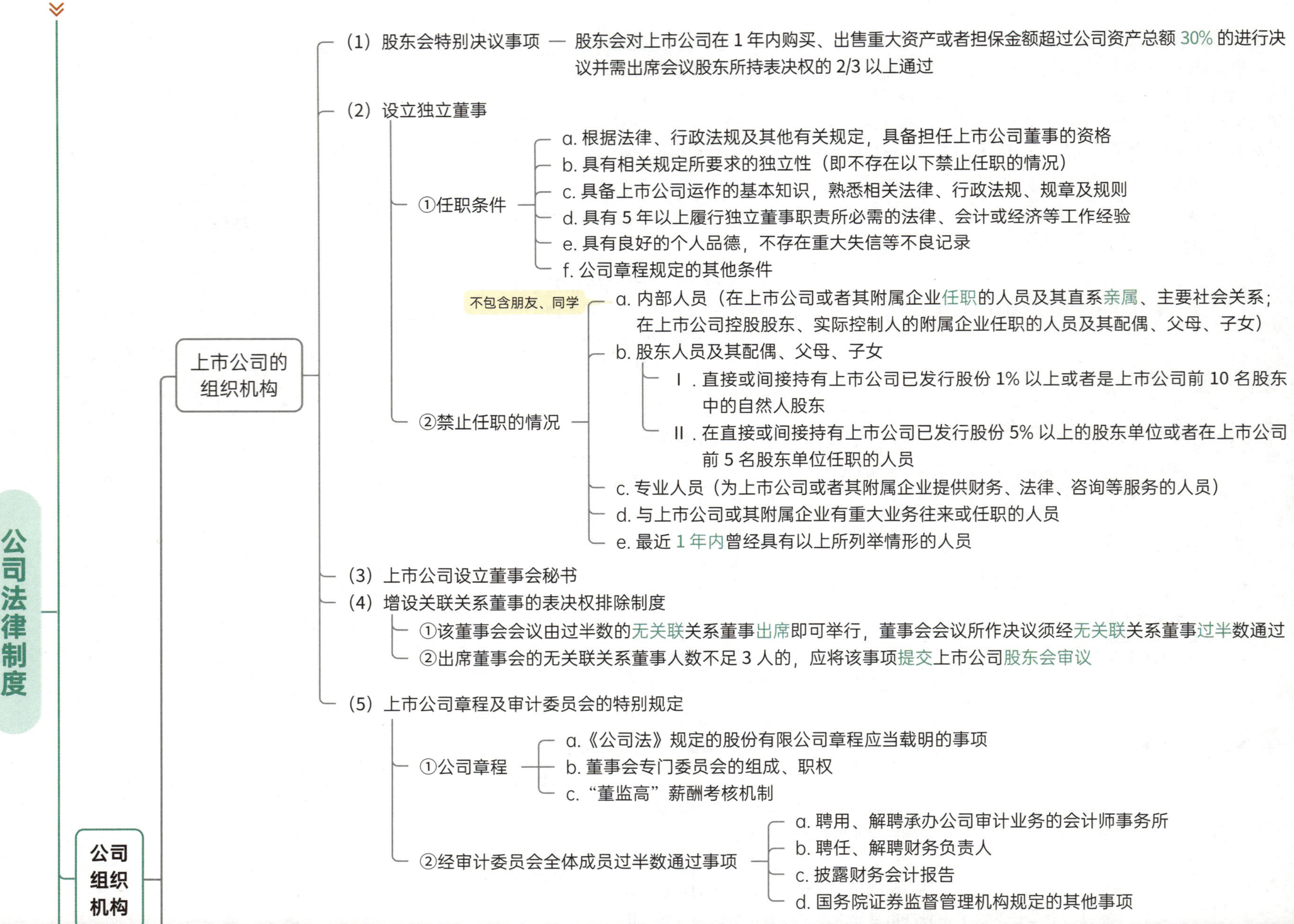

公司法律制度
公司组织机构
上市公司的组织机构
(1) 股东会特别决议事项 — 股东会对上市公司在 1 年内购买、出售重大资产或者担保金额超过公司资产总额 30% 的进行决议并需出席会议股东所持表决权的 2/3 以上通过
(2) 设立独立董事
①任职条件
a. 根据法律、行政法规及其他有关规定，具备担任上市公司董事的资格
b. 具有相关规定所要求的独立性（即不存在以下禁止任职的情况）
c. 具备上市公司运作的基本知识，熟悉相关法律、行政法规、规章及规则
d. 具有 5 年以上履行独立董事职责所必需的法律、会计或经济等工作经验
e. 具有良好的个人品德，不存在重大失信等不良记录
f. 公司章程规定的其他条件
②禁止任职的情况
不包含朋友、同学
a. 内部人员（在上市公司或者其附属企业任职的人员及其直系亲属、主要社会关系；在上市公司控股股东、实际控制人的附属企业任职的人员及其配偶、父母、子女）
b. 股东人员及其配偶、父母、子女
Ⅰ. 直接或间接持有上市公司已发行股份 1% 以上或者是上市公司前 10 名股东中的自然人股东
Ⅱ. 在直接或间接持有上市公司已发行股份 5% 以上的股东单位或者在上市公司前 5 名股东单位任职的人员
c. 专业人员（为上市公司或者其附属企业提供财务、法律、咨询等服务的人员）
d. 与上市公司或其附属企业有重大业务往来或任职的人员
e. 最近 1 年内曾经具有以上所列举情形的人员
(3) 上市公司设立董事会秘书
(4) 增设关联关系董事的表决权排除制度
①该董事会会议由过半数的无关联关系董事出席即可举行，董事会会议所作决议须经无关联关系董事过半数通过
②出席董事会的无关联关系董事人数不足 3 人的，应将该事项提交上市公司股东会审议
(5) 上市公司章程及审计委员会的特别规定
①公司章程
a.《公司法》规定的股份有限公司章程应当载明的事项
b. 董事会专门委员会的组成、职权
c. “董监高”薪酬考核机制
②经审计委员会全体成员过半数通过事项
a. 聘用、解聘承办公司审计业务的会计师事务所
b. 聘任、解聘财务负责人
c. 披露财务会计报告
d. 国务院证券监督管理机构规定的其他事项

国家出资公司组织机构的特别规定

- （1）概念 — 国家出资的国有独资公司、国有资本控股公司，包括国家出资的有限责任公司、股份有限公司
- （2）履行出资人职责的机构
  - ①国务院或地方人民政府分别代表国家依法履行出资人职责，享有出资人权益
  - ②被授权的国有资产监督管理机构或其他部门、机构代表本级人民政府履行出资人职责（履行出资人职责的机构）
- （3）内控制度 — 依法建立健全内部监督管理和风险控制制度，加强内部合规管理
- （4）组织机构
  - ①股东会
    - a. 不设股东会，由履行出资人职责的机构行使股东会职权
    - b. 履行出资人职责的机构可以授权董事会行使股东会的部分职权，但公司章程的制定和修改，公司的合并、分立、解散、申请破产，增加或者减少注册资本，分配利润，应当由履行出资人职责的机构决定
  - ②董事会

<table>
<tr><th colspan="2">项目</th><th colspan="2">具体规定</th></tr>
<tr><td colspan="2">是否设置</td><td colspan="2">设置，依《公司法》的规定行使职权；经履行出资人职责的机构授权行使股东会的部分职权</td></tr>
<tr><td rowspan="3">成员构成</td><td rowspan="2">一般成员</td><td rowspan="2">过半数为外部董事</td><td>非职工代表：由履行出资人职责的机构委派</td></tr>
<tr><td>职工代表：董事会成员中应当有由公司职工代表大会选举产生的职工代表</td></tr>
<tr><td>“官”</td><td colspan="2">a. 设董事长 1 人，可以设副董事长。
b. 董事长、副董事长由履行出资人职责的机构从董事会成员中指定</td></tr>
</table>

  - ③经理 — 由董事会聘任或者解聘
  - ④监事会 — 在董事会中设置由董事组成的审计委员会行使《公司法》规定的监事会职权的，不设监事会或者监事
- （5）董事、高级管理人员的兼职
  - ①内部：经履行出资人职责的机构同意，董事会成员可以兼任经理
  - ②外部：“董高”未经履行出资人职责的机构同意，不得兼职
- （6）公司章程 — 由履行出资人职责的机构制定

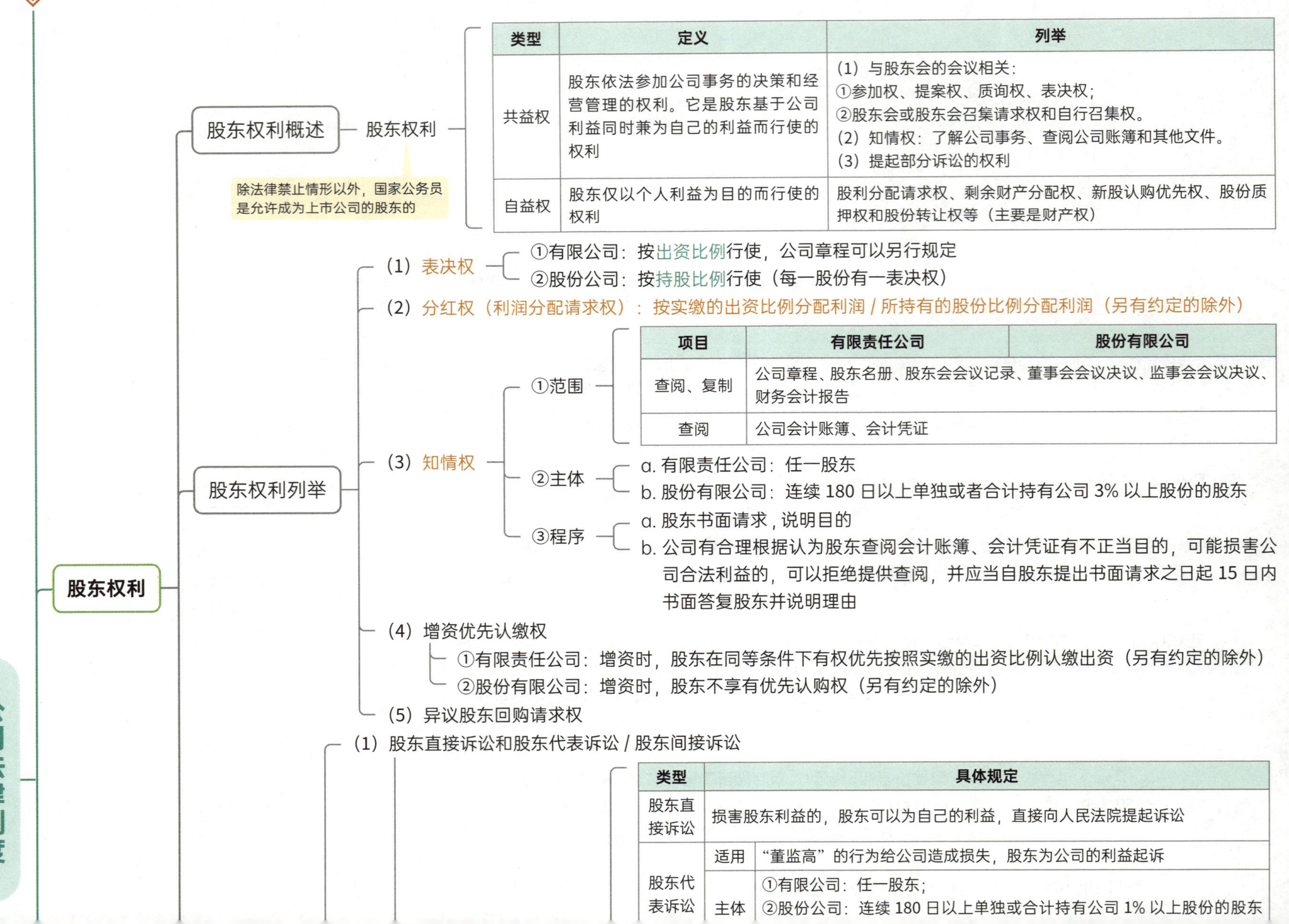

公司法律制度

股东权利

股东权利概述

股东权利

除法律禁止情形以外，国家公务员是允许成为上市公司的股东的

类型	定义	列举
共益权	股东依法参加公司事务的决策和经营管理的权利。它是股东基于公司利益同时兼为自己的利益而行使的权利	（1）与股东会的会议相关： ①参加权、提案权、质询权、表决权； ②股东会或股东会召集请求权和自行召集权。 （2）知情权：了解公司事务、查阅公司账簿和其他文件。 （3）提起部分诉讼的权利
自益权	股东仅以个人利益为目的而行使的权利	股利分配请求权、剩余财产分配权、新股认购优先权、股份质押权和股份转让权等（主要是财产权）

股东权利列举

（1）表决权
- ①有限公司：按出资比例行使，公司章程可以另行规定
- ②股份公司：按持股比例行使（每一股份有一表决权）

（2）分红权（利润分配请求权）：按实缴的出资比例分配利润 / 所持有的股份比例分配利润（另有约定的除外）

（3）知情权

①范围

项目	有限责任公司	股份有限公司
查阅、复制	公司章程、股东名册、股东会会议记录、董事会会议决议、监事会会议决议、财务会计报告	
查阅	公司会计账簿、会计凭证	

②主体
- a. 有限责任公司：任一股东
- b. 股份有限公司：连续 180 日以上单独或者合计持有公司 3% 以上股份的股东

③程序
- a. 股东书面请求，说明目的
- b. 公司有合理根据认为股东查阅会计账簿、会计凭证有不正当目的，可能损害公司合法利益的，可以拒绝提供查阅，并应当自股东提出书面请求之日起 15 日内书面答复股东并说明理由

（4）增资优先认缴权
- ①有限责任公司：增资时，股东在同等条件下有权优先按照实缴的出资比例认缴出资（另有约定的除外）
- ②股份有限公司：增资时，股东不享有优先认购权（另有约定的除外）

（5）异议股东回购请求权

（1）股东直接诉讼和股东代表诉讼 / 股东间接诉讼

类型		具体规定
股东直接诉讼		损害股东利益的，股东可以为自己的利益，直接向人民法院提起诉讼
股东代表诉讼	适用	“董监高”的行为给公司造成损失，股东为公司的利益起诉
	主体	①有限公司：任一股东； ②股份公司：连续 180 日以上单独或合计持有公司 1% 以上股份的股东

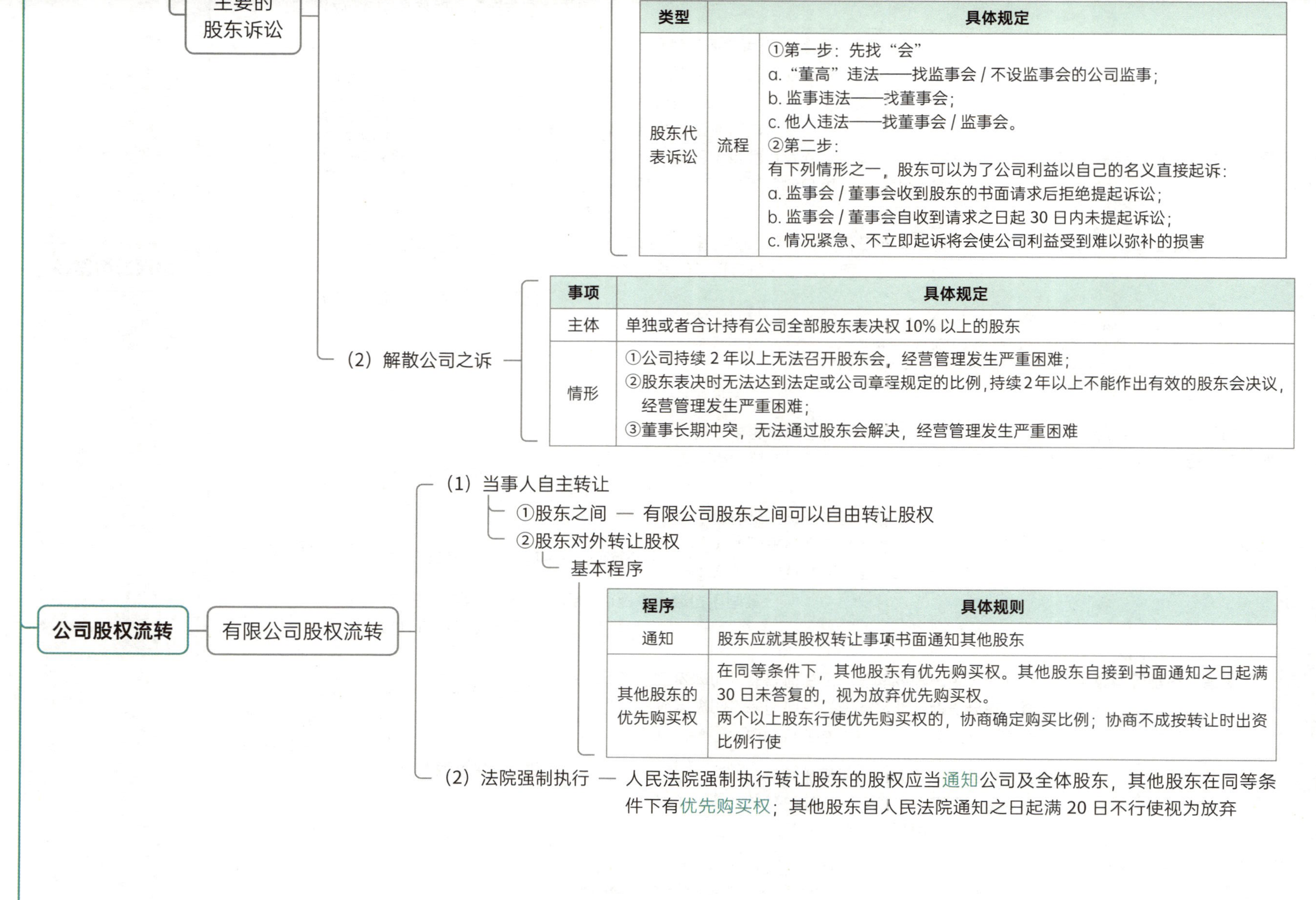

类型		具体规定
股东代表诉讼	流程	①第一步：先找“会” a.“董高”违法——找监事会 / 不设监事会的公司监事； b. 监事违法——找董事会； c. 他人违法——找董事会 / 监事会。 ②第二步： 有下列情形之一，股东可以为了公司利益以自己的名义直接起诉： a. 监事会 / 董事会收到股东的书面请求后拒绝提起诉讼； b. 监事会 / 董事会自收到请求之日起 30 日内未提起诉讼； c. 情况紧急、不立即起诉将会使公司利益受到难以弥补的损害

（2）解散公司之诉

事项	具体规定
主体	单独或者合计持有公司全部股东表决权 10% 以上的股东
情形	①公司持续 2 年以上无法召开股东会，经营管理发生严重困难； ②股东表决时无法达到法定或公司章程规定的比例，持续2年以上不能作出有效的股东会决议，经营管理发生严重困难； ③董事长期冲突，无法通过股东会解决，经营管理发生严重困难

（1）当事人自主转让

①股东之间 — 有限公司股东之间可以自由转让股权

②股东对外转让股权

基本程序

程序	具体规则
通知	股东应就其股权转让事项书面通知其他股东
其他股东的优先购买权	在同等条件下，其他股东有优先购买权。其他股东自接到书面通知之日起满 30 日未答复的，视为放弃优先购买权。 两个以上股东行使优先购买权的，协商确定购买比例；协商不成按转让时出资比例行使

（2）法院强制执行 — 人民法院强制执行转让股东的股权应当通知公司及全体股东，其他股东在同等条件下有优先购买权；其他股东自人民法院通知之日起满 20 日不行使视为放弃

公司法律制度

公司股权流转

有限公司股权流转

（3）异议股东回购请求权

- ①情形
  - a. 连续 5 年盈利不分配
  - b. 公司合并、分立、转让主要财产的
  - c. 解散事由出现，修改章程使公司存续
- ②收购后，公司应当在 6 个月内依法转让或者注销

股东请求公司收购其股权，应当尽量通过协商的方式解决。自股东会会议决议通过之日起 60 日内，股东与公司不能达成股权收购协议的，股东可以自股东会会议决议通过之日起 90 日内向人民法院提起诉讼。在有限公司中，公司的控股股东滥用股东权利，严重损害公司或者其他股东利益的，其他股东有权请求公司按照合理的价格收购其股权

（4）股权转让的实施

- ①股东应当做的：书面通知公司请求变更股东名册、变更登记
- ②公司应该做的：注销原股东、签发新股东出资证明书，修改章程及股东名册事项

股权代持

（1）投资权益的归属：实际出资人

（2）隐名股东显名化：经其他股东半数以上同意

（3）显名股东擅自处分代持股权

- ①参照“善意取得制度”的规定处理
- ②名义股东处分股权造成实际出资人损失，实际出资人请求名义股东承担赔偿责任的，人民法院应予支持

（4）出资补足

- ①名义股东补出资
- ②“冒名股东”承担相应责任，公司、其他股东或者公司债权人以未履行出资义务为由，请求被冒名登记为股东者承担补足出资责任或者对公司债务不能清偿部分的赔偿责任的，人民法院不予支持

代持关系“对内”和“对外”造成的影响不同。
对内：代持双方之间，应遵守“实质重于形式”的原则。
对外：公司股东、公司债权人应遵守“形式重于实质”的原则

（1）限售（“锁定”）规则

- ①原始股锁定
  - a. 发起人持有的，自公司成立之日起 1 年内不得转让
  - b. 公开发行前已发行的，自公司股票在证券交易所上市交易之日起 1 年内不得转让
- ②“董监高”持股的锁定
  - a. 所持本公司股份自公司股票上市交易之日起 1 年内不得转让
  - b. 在任职期间每年转让的股份不得超过其所持有本公司股份总数的 25%，因司法强制执行、继承、遗赠、依法分割财产等导致股份变动的除外
  - c. 离职后半年内，不得转让
  - d. 公司章程可以对公司“董监高”转让股份作出其他限制性规定
  - e. “董监高”应申报所持有股份及其变动情况

上市公司“董监高”所持股份不超过 1 000 股的，可一次全部转让，不受前款转让比例的限制

（2）对股份公司收购自身股票的限制

股份公司股份转让

情形	决议	处理
减少公司注册资本	应当经股东会决议	应当自收购之日起 10 日内注销
与持有本公司股份的其他公司合并	应当经股东会决议	应当在 6 个月内转让或者注销
股东因对股东会作出的公司合并、分立决议持异议，要求公司收购其股份。 提示：上述事项比有限公司异议股东请求回购的事项少	—	应当在 6 个月内转让或者注销
将股份用于员工持股计划或者股权激励	可以依照公司章程的规定或者股东会的授权，经 2/3 以上董事出席的董事会会议决议	①公司合计持有的本公司股份数不得超过本公司已发行股份总额的 10%，并应当在 3 年内转让或者注销； ②应当通过公开的集中交易方式进行
将股份用于转换上市公司发行的可转换为股票的公司债券		
上市公司为维护公司价值及股东权益所必需		

(3) 对公司股票质押的禁止 — 公司不得接受本公司的股票作为质押权的标的

(4) 对他人取得本公司及母公司股份提供财务资助的限制

- 可以取得财务资助情形
  - a. 公司实施员工持股计划
  - b. 为公司利益，经股东会决议，或者董事会按照公司章程或者股东会的授权作出决议，公司可以为他人取得本公司或者其母公司的股份提供财务资助，但财务资助的累计总额不得超过已发行股本总额的 10%。董事会作出决议应当经全体董事的 2/3 以上通过。违反上述规定，给公司造成损失的，负有责任的董事、监事、高级管理人员应当承担赔偿责任

(5) 股东资格的继承

- 股份有限公司的自然人股东死亡后，其合法继承人可以继承；股份转让受限的股份有限公司的章程另有规定的除外

笔记区

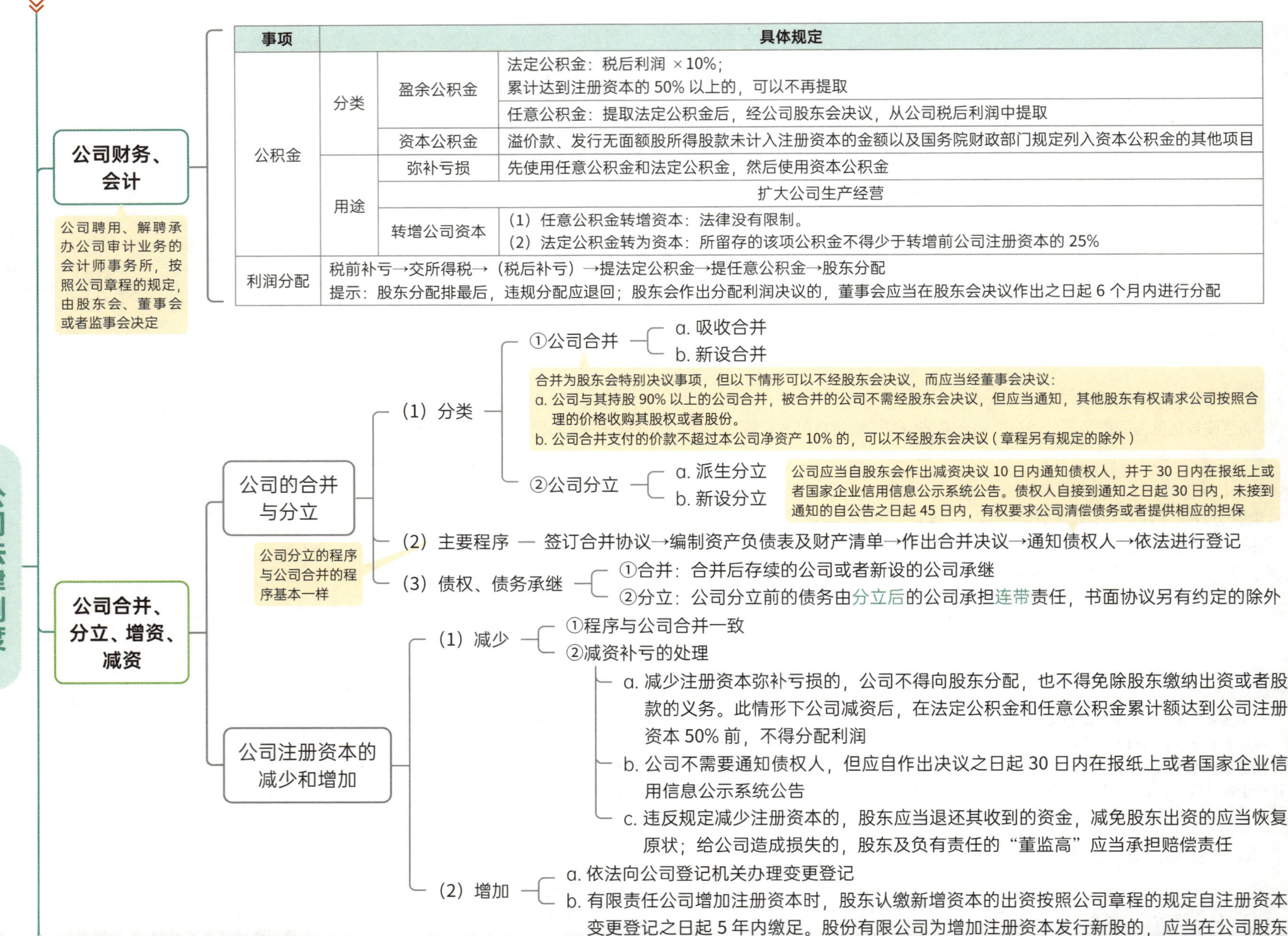

公司法律制度

公司财务、会计

公司聘用、解聘承办公司审计业务的会计师事务所，按照公司章程的规定，由股东会、董事会或者监事会决定

事项			具体规定
公积金	分类	盈余公积金	法定公积金：税后利润 ×10%； 累计达到注册资本的 50% 以上的，可以不再提取
			任意公积金：提取法定公积金后，经公司股东会决议，从公司税后利润中提取
		资本公积金	溢价款、发行无面额股所得股款未计入注册资本的金额以及国务院财政部门规定列入资本公积金的其他项目
	用途	弥补亏损	先使用任意公积金和法定公积金，然后使用资本公积金
		扩大公司生产经营	
		转增公司资本	（1）任意公积金转增资本：法律没有限制。 （2）法定公积金转为资本：所留存的该项公积金不得少于转增前公司注册资本的 25%
利润分配	税前补亏→交所得税→（税后补亏）→提法定公积金→提任意公积金→股东分配 提示：股东分配排最后，违规分配应退回；股东会作出分配利润决议的，董事会应当在股东会决议作出之日起 6 个月内进行分配		

公司合并、分立、增资、减资

公司的合并与分立

（1）分类

- ①公司合并
  - a. 吸收合并
  - b. 新设合并

合并为股东会特别决议事项，但以下情形可以不经股东会决议，而应当经董事会决议：
a. 公司与其持股 90% 以上的公司合并，被合并的公司不需经股东会决议，但应当通知，其他股东有权请求公司按照合理的价格收购其股权或者股份。
b. 公司合并支付的价款不超过本公司净资产 10% 的，可以不经股东会决议（章程另有规定的除外）

- ②公司分立
  - a. 派生分立
  - b. 新设分立

公司应当自股东会作出减资决议 10 日内通知债权人，并于 30 日内在报纸上或者国家企业信用信息公示系统公告。债权人自接到通知之日起 30 日内，未接到通知的自公告之日起 45 日内，有权要求公司清偿债务或者提供相应的担保

（2）主要程序 — 签订合并协议→编制资产负债表及财产清单→作出合并决议→通知债权人→依法进行登记

公司分立的程序与公司合并的程序基本一样

（3）债权、债务承继

- ①合并：合并后存续的公司或者新设的公司承继
- ②分立：公司分立前的债务由分立后的公司承担连带责任，书面协议另有约定的除外

公司注册资本的减少和增加

（1）减少

- ①程序与公司合并一致
- ②减资补亏的处理
  - a. 减少注册资本弥补亏损的，公司不得向股东分配，也不得免除股东缴纳出资或者股款的义务。此情形下公司减资后，在法定公积金和任意公积金累计额达到公司注册资本 50% 前，不得分配利润
  - b. 公司不需要通知债权人，但应自作出决议之日起 30 日内在报纸上或者国家企业信用信息公示系统公告
  - c. 违反规定减少注册资本的，股东应当退还其收到的资金，减免股东出资的应当恢复原状；给公司造成损失的，股东及负有责任的“董监高”应当承担赔偿责任

（2）增加

- a. 依法向公司登记机关办理变更登记
- b. 有限责任公司增加注册资本时，股东认缴新增资本的出资按照公司章程的规定自注册资本变更登记之日起 5 年内缴足。股份有限公司为增加注册资本发行新股的，应当在公司股东

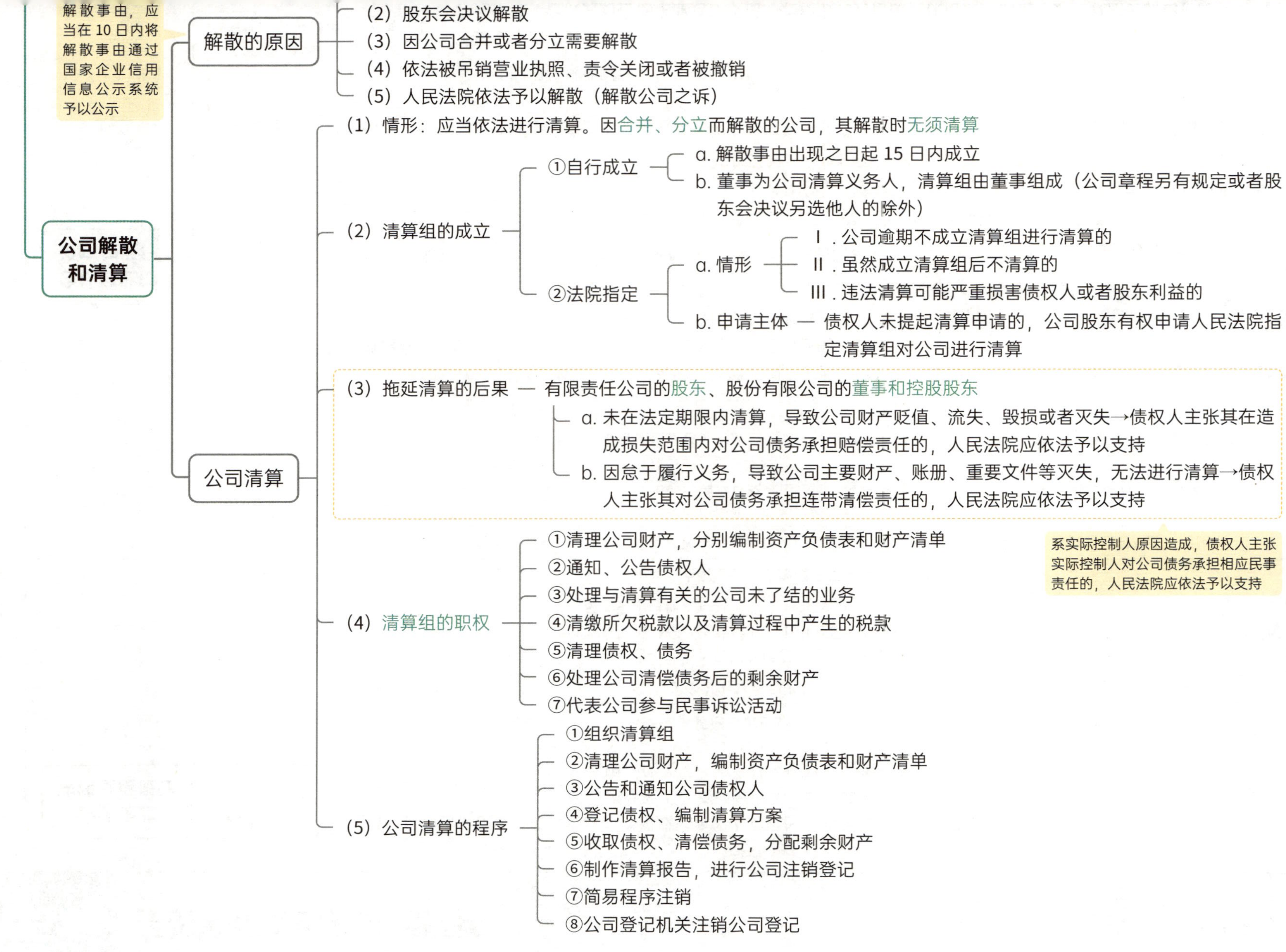

公司解散和清算
解散的原因
(2) 股东会决议解散
(3) 因公司合并或者分立需要解散
(4) 依法被吊销营业执照、责令关闭或者被撤销
(5) 人民法院依法予以解散（解散公司之诉）
解散事由，应当在10日内将解散事由通过国家企业信用信息公示系统予以公示
公司清算
(1) 情形：应当依法进行清算。因合并、分立而解散的公司，其解散时无须清算
(2) 清算组的成立
①自行成立
a. 解散事由出现之日起15日内成立
b. 董事为公司清算义务人，清算组由董事组成（公司章程另有规定或者股东会决议另选他人的除外）
②法院指定
a. 情形
Ⅰ. 公司逾期不成立清算组进行清算的
Ⅱ. 虽然成立清算组后不清算的
Ⅲ. 违法清算可能严重损害债权人或者股东利益的
b. 申请主体 — 债权人未提起清算申请的，公司股东有权申请人民法院指定清算组对公司进行清算
(3) 拖延清算的后果 — 有限责任公司的股东、股份有限公司的董事和控股股东
a. 未在法定期限内清算，导致公司财产贬值、流失、毁损或者灭失→债权人主张其在造成损失范围内对公司债务承担赔偿责任的，人民法院应依法予以支持
b. 因怠于履行义务，导致公司主要财产、账册、重要文件等灭失，无法进行清算→债权人主张其对公司债务承担连带清偿责任的，人民法院应依法予以支持
系实际控制人原因造成，债权人主张实际控制人对公司债务承担相应民事责任的，人民法院应依法予以支持
(4) 清算组的职权
①清理公司财产，分别编制资产负债表和财产清单
②通知、公告债权人
③处理与清算有关的公司未了结的业务
④清缴所欠税款以及清算过程中产生的税款
⑤清理债权、债务
⑥处理公司清偿债务后的剩余财产
⑦代表公司参与民事诉讼活动
(5) 公司清算的程序
①组织清算组
②清理公司财产，编制资产负债表和财产清单
③公告和通知公司债权人
④登记债权、编制清算方案
⑤收取债权、清偿债务，分配剩余财产
⑥制作清算报告，进行公司注销登记
⑦简易程序注销
⑧公司登记机关注销公司登记

第三章 合伙企业法律制度 （考 9 ~ 12 分）

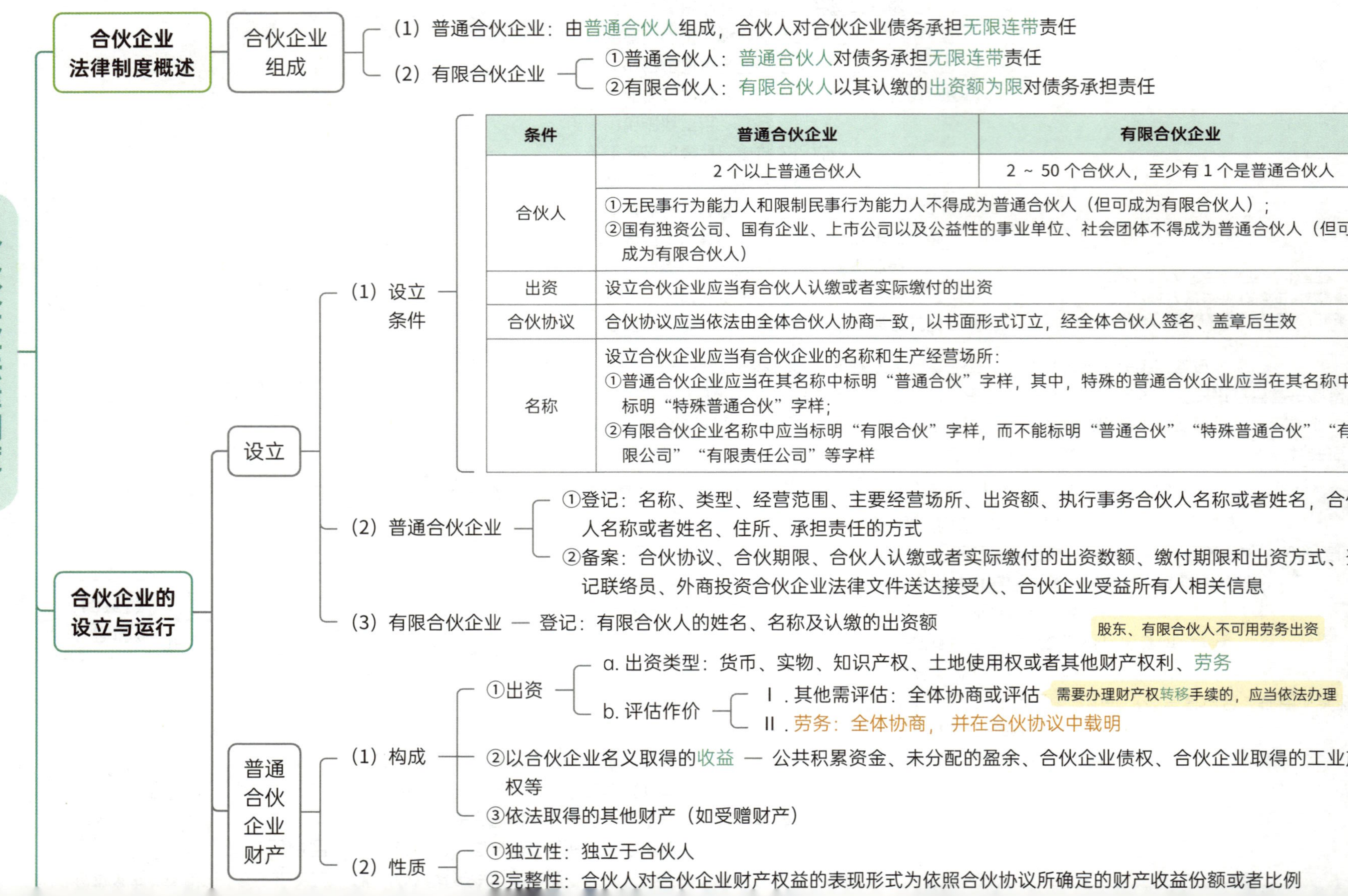

合伙企业法律制度

合伙企业法律制度概述

- 合伙企业组成
  - （1）普通合伙企业：由普通合伙人组成，合伙人对合伙企业债务承担无限连带责任
  - （2）有限合伙企业
    - ①普通合伙人：普通合伙人对债务承担无限连带责任
    - ②有限合伙人：有限合伙人以其认缴的出资额为限对债务承担责任

合伙企业的设立与运行

- 设立
  - （1）设立条件

条件	普通合伙企业	有限合伙企业
合伙人	2 个以上普通合伙人	2 ~ 50 个合伙人，至少有 1 个是普通合伙人
	①无民事行为能力人和限制民事行为能力人不得成为普通合伙人（但可成为有限合伙人）； ②国有独资公司、国有企业、上市公司以及公益性的事业单位、社会团体不得成为普通合伙人（但可成为有限合伙人）	
出资	设立合伙企业应当有合伙人认缴或者实际缴付的出资	
合伙协议	合伙协议应当依法由全体合伙人协商一致，以书面形式订立，经全体合伙人签名、盖章后生效	
名称	设立合伙企业应当有合伙企业的名称和生产经营场所： ①普通合伙企业应当在其名称中标明“普通合伙”字样，其中，特殊的普通合伙企业应当在其名称中标明“特殊普通合伙”字样； ②有限合伙企业名称中应当标明“有限合伙”字样，而不能标明“普通合伙”“特殊普通合伙”“有限公司”“有限责任公司”等字样	

  - （2）普通合伙企业
    - ①登记：名称、类型、经营范围、主要经营场所、出资额、执行事务合伙人名称或者姓名，合伙人名称或者姓名、住所、承担责任的方式
    - ②备案：合伙协议、合伙期限、合伙人认缴或者实际缴付的出资数额、缴付期限和出资方式、登记联络员、外商投资合伙企业法律文件送达接受人、合伙企业受益所有人相关信息
  - （3）有限合伙企业 — 登记：有限合伙人的姓名、名称及认缴的出资额
- 普通合伙企业财产
  - （1）构成
    - ①出资
      - a. 出资类型：货币、实物、知识产权、土地使用权或者其他财产权利、劳务（股东、有限合伙人不可用劳务出资）
      - b. 评估作价
        - Ⅰ. 其他需评估：全体协商或评估（需要办理财产权转移手续的，应当依法办理）
        - Ⅱ. 劳务：全体协商，并在合伙协议中载明
    - ②以合伙企业名义取得的收益 — 公共积累资金、未分配的盈余、合伙企业债权、合伙企业取得的工业产权等
    - ③依法取得的其他财产（如受赠财产）
  - （2）性质
    - ①独立性：独立于合伙人
    - ②完整性：合伙人对合伙企业财产权益的表现形式为依照合伙协议所确定的财产收益份额或者比例

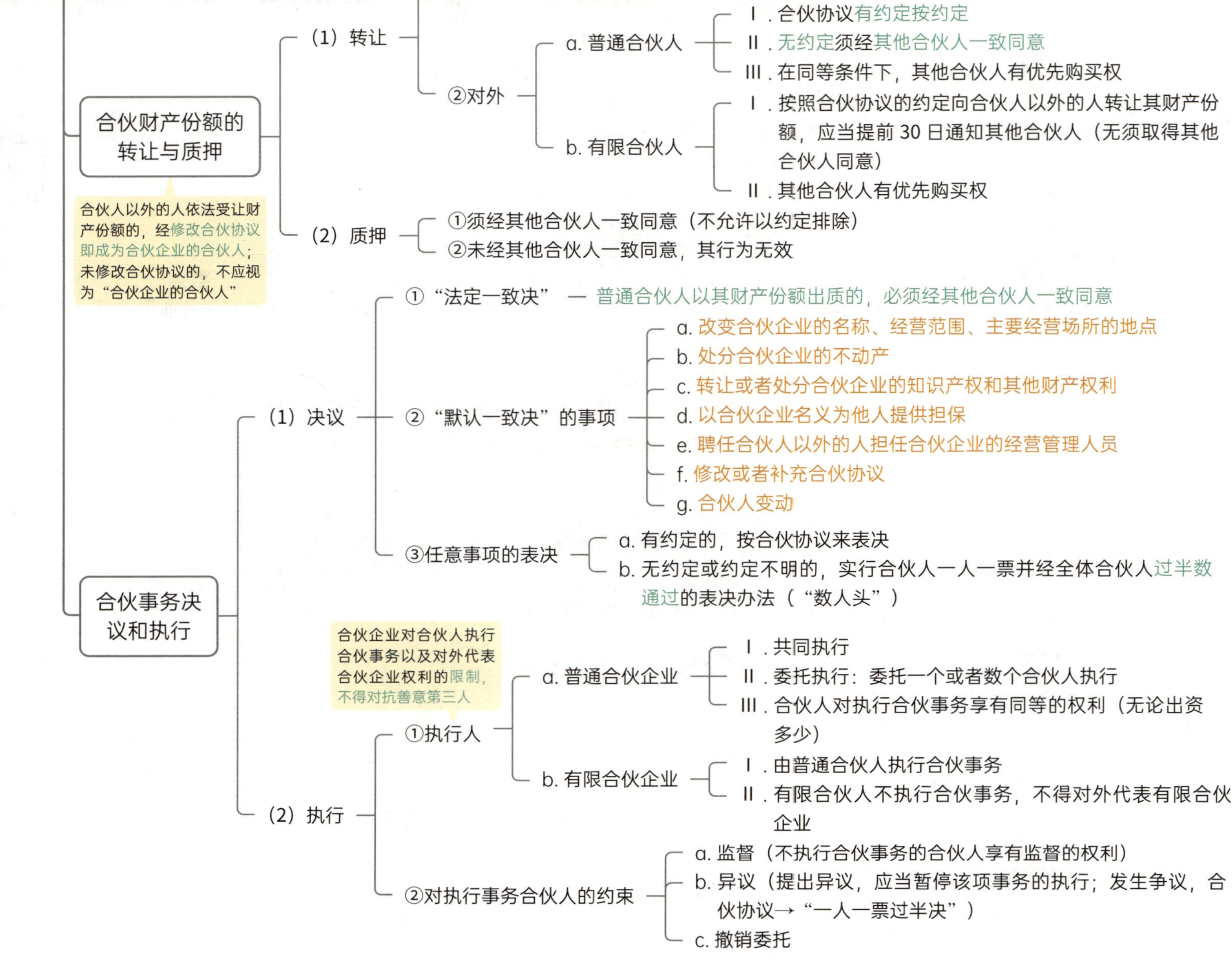

合伙财产份额的转让与质押
（1）转让
②对外
a. 普通合伙人
Ⅰ. 合伙协议有约定按约定
Ⅱ. 无约定须经其他合伙人一致同意
Ⅲ. 在同等条件下，其他合伙人有优先购买权
b. 有限合伙人
Ⅰ. 按照合伙协议的约定向合伙人以外的人转让其财产份额，应当提前 30 日通知其他合伙人（无须取得其他合伙人同意）
Ⅱ. 其他合伙人有优先购买权
（2）质押
①须经其他合伙人一致同意（不允许以约定排除）
②未经其他合伙人一致同意，其行为无效
合伙人以外的人依法受让财产份额的，经修改合伙协议即成为合伙企业的合伙人；未修改合伙协议的，不应视为“合伙企业的合伙人”
合伙事务决议和执行
（1）决议
①“法定一致决” — 普通合伙人以其财产份额出质的，必须经其他合伙人一致同意
②“默认一致决”的事项
a. 改变合伙企业的名称、经营范围、主要经营场所的地点
b. 处分合伙企业的不动产
c. 转让或者处分合伙企业的知识产权和其他财产权利
d. 以合伙企业名义为他人提供担保
e. 聘任合伙人以外的人担任合伙企业的经营管理人员
f. 修改或者补充合伙协议
g. 合伙人变动
③任意事项的表决
a. 有约定的，按合伙协议来表决
b. 无约定或约定不明的，实行合伙人一人一票并经全体合伙人过半数通过的表决办法（“数人头”）
（2）执行
①执行人
a. 普通合伙企业
Ⅰ. 共同执行
Ⅱ. 委托执行：委托一个或者数个合伙人执行
Ⅲ. 合伙人对执行合伙事务享有同等的权利（无论出资多少）
b. 有限合伙企业
Ⅰ. 由普通合伙人执行合伙事务
Ⅱ. 有限合伙人不执行合伙事务，不得对外代表有限合伙企业
合伙企业对合伙人执行合伙事务以及对外代表合伙企业权利的限制，不得对抗善意第三人
②对执行事务合伙人的约束
a. 监督（不执行合伙事务的合伙人享有监督的权利）
b. 异议（提出异议，应当暂停该项事务的执行；发生争议，合伙协议→“一人一票过半决”）
c. 撤销委托

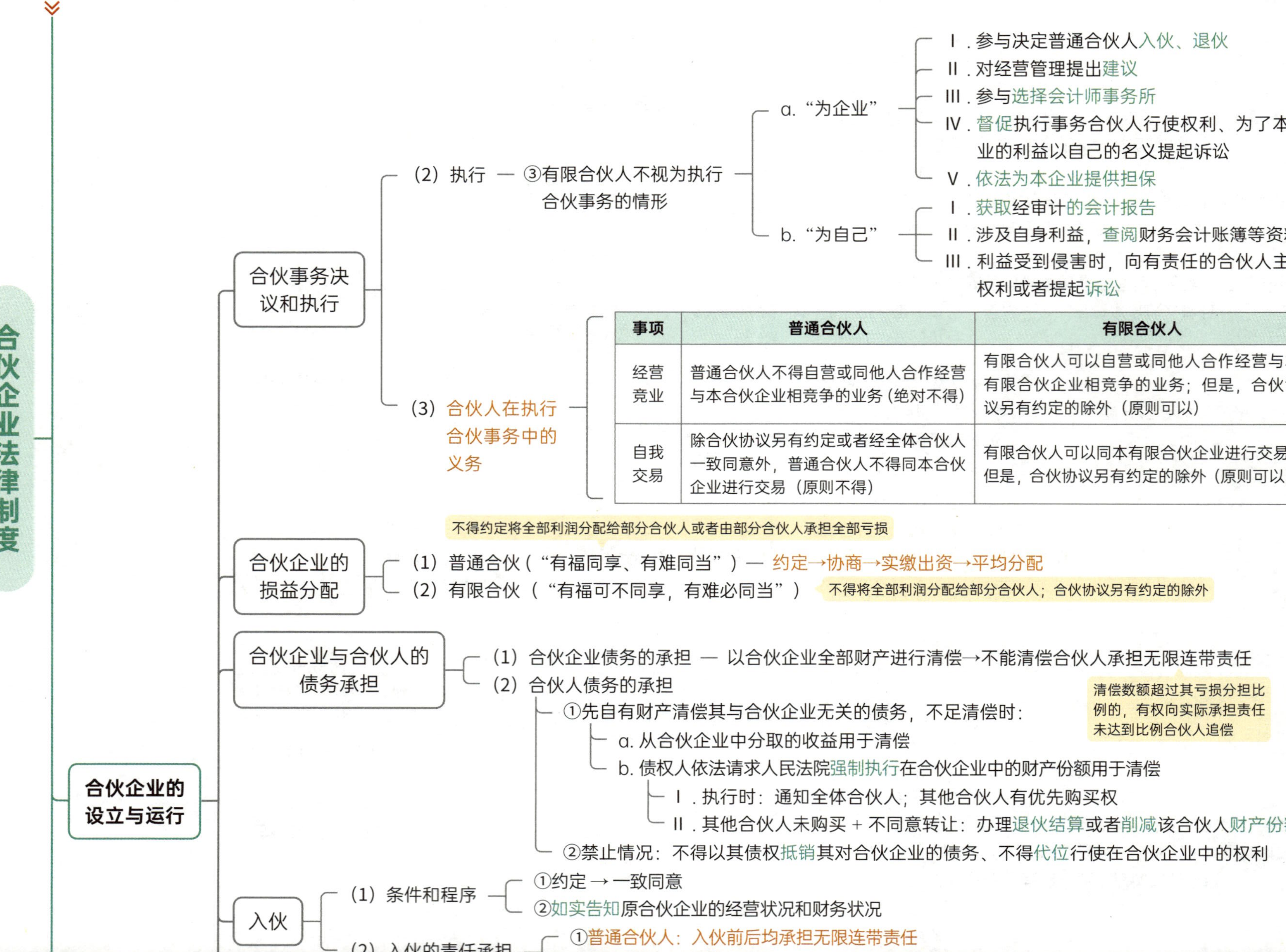

合伙企业法律制度

合伙企业的设立与运行

合伙事务决议和执行

- (2) 执行 — ③有限合伙人不视为执行合伙事务的情形
  - a. “为企业”
    - Ⅰ. 参与决定普通合伙人入伙、退伙
    - Ⅱ. 对经营管理提出建议
    - Ⅲ. 参与选择会计师事务所
    - Ⅳ. 督促执行事务合伙人行使权利、为了本企业的利益以自己的名义提起诉讼
    - Ⅴ. 依法为本企业提供担保
  - b. “为自己”
    - Ⅰ. 获取经审计的会计报告
    - Ⅱ. 涉及自身利益，查阅财务会计账簿等资料
    - Ⅲ. 利益受到侵害时，向有责任的合伙人主张权利或者提起诉讼
- (3) 合伙人在执行合伙事务中的义务

事项	普通合伙人	有限合伙人
经营竞业	普通合伙人不得自营或同他人合作经营与本合伙企业相竞争的业务（绝对不得）	有限合伙人可以自营或同他人合作经营与本有限合伙企业相竞争的业务；但是，合伙协议另有约定的除外（原则可以）
自我交易	除合伙协议另有约定或者经全体合伙人一致同意外，普通合伙人不得同本合伙企业进行交易（原则不得）	有限合伙人可以同本有限合伙企业进行交易；但是，合伙协议另有约定的除外（原则可以）

合伙企业的损益分配

不得约定将全部利润分配给部分合伙人或者由部分合伙人承担全部亏损

- (1) 普通合伙（“有福同享、有难同当”）— 约定→协商→实缴出资→平均分配
- (2) 有限合伙（“有福可不同享，有难必同当”）

不得将全部利润分配给部分合伙人；合伙协议另有约定的除外

合伙企业与合伙人的债务承担

- (1) 合伙企业债务的承担 — 以合伙企业全部财产进行清偿→不能清偿合伙人承担无限连带责任

清偿数额超过其亏损分担比例的，有权向实际承担责任未达到比例合伙人追偿

- (2) 合伙人债务的承担
  - ①先自有财产清偿其与合伙企业无关的债务，不足清偿时：
    - a. 从合伙企业中分取的收益用于清偿
    - b. 债权人依法请求人民法院强制执行在合伙企业中的财产份额用于清偿
      - Ⅰ. 执行时：通知全体合伙人；其他合伙人有优先购买权
      - Ⅱ. 其他合伙人未购买 + 不同意转让：办理退伙结算或者削减该合伙人财产份额
  - ②禁止情况：不得以其债权抵销其对合伙企业的债务、不得代位行使在合伙企业中的权利

入伙

- (1) 条件和程序
  - ①约定 → 一致同意
  - ②如实告知原合伙企业的经营状况和财务状况
- (2) 入伙的责任承担
  - ①普通合伙人：入伙前后均承担无限连带责任

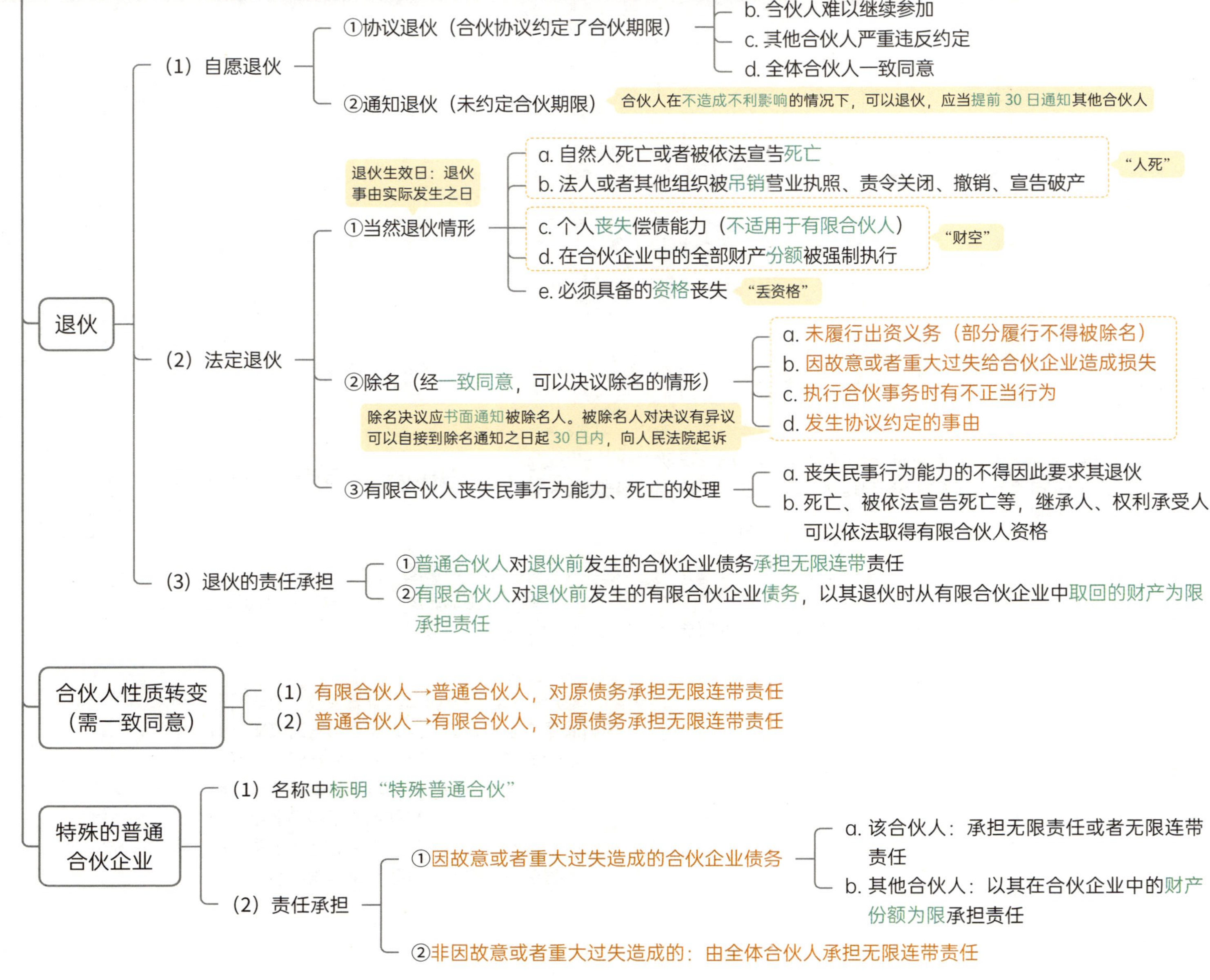

- 退伙
  - （1）自愿退伙
    - ①协议退伙（合伙协议约定了合伙期限）
      - b. 合伙人难以继续参加
      - c. 其他合伙人严重违反约定
      - d. 全体合伙人一致同意
    - ②通知退伙（未约定合伙期限）：合伙人在不造成不利影响的情况下，可以退伙，应当提前 30 日通知其他合伙人
  - （2）法定退伙
    - ①当然退伙情形（退伙生效日：退伙事由实际发生之日）
      - a. 自然人死亡或者被依法宣告死亡
      - b. 法人或者其他组织被吊销营业执照、责令关闭、撤销、宣告破产（“人死”）
      - c. 个人丧失偿债能力（不适用于有限合伙人）
      - d. 在合伙企业中的全部财产分额被强制执行（“财空”）
      - e. 必须具备的资格丧失（“丢资格”）
    - ②除名（经一致同意，可以决议除名的情形）
      - a. 未履行出资义务（部分履行不得被除名）
      - b. 因故意或者重大过失给合伙企业造成损失
      - c. 执行合伙事务时有不正当行为
      - d. 发生协议约定的事由
      - 除名决议应书面通知被除名人。被除名人对决议有异议可以自接到除名通知之日起 30 日内，向人民法院起诉
    - ③有限合伙人丧失民事行为能力、死亡的处理
      - a. 丧失民事行为能力的不得因此要求其退伙
      - b. 死亡、被依法宣告死亡等，继承人、权利承受人可以依法取得有限合伙人资格
  - （3）退伙的责任承担
    - ①普通合伙人对退伙前发生的合伙企业债务承担无限连带责任
    - ②有限合伙人对退伙前发生的有限合伙企业债务，以其退伙时从有限合伙企业中取回的财产为限承担责任
- 合伙人性质转变（需一致同意）
  - （1）有限合伙人→普通合伙人，对原债务承担无限连带责任
  - （2）普通合伙人→有限合伙人，对原债务承担无限连带责任
- 特殊的普通合伙企业
  - （1）名称中标明“特殊普通合伙”
  - （2）责任承担
    - ①因故意或者重大过失造成的合伙企业债务
      - a. 该合伙人：承担无限责任或者无限连带责任
      - b. 其他合伙人：以其在合伙企业中的财产份额为限承担责任
    - ②非因故意或者重大过失造成的：由全体合伙人承担无限连带责任

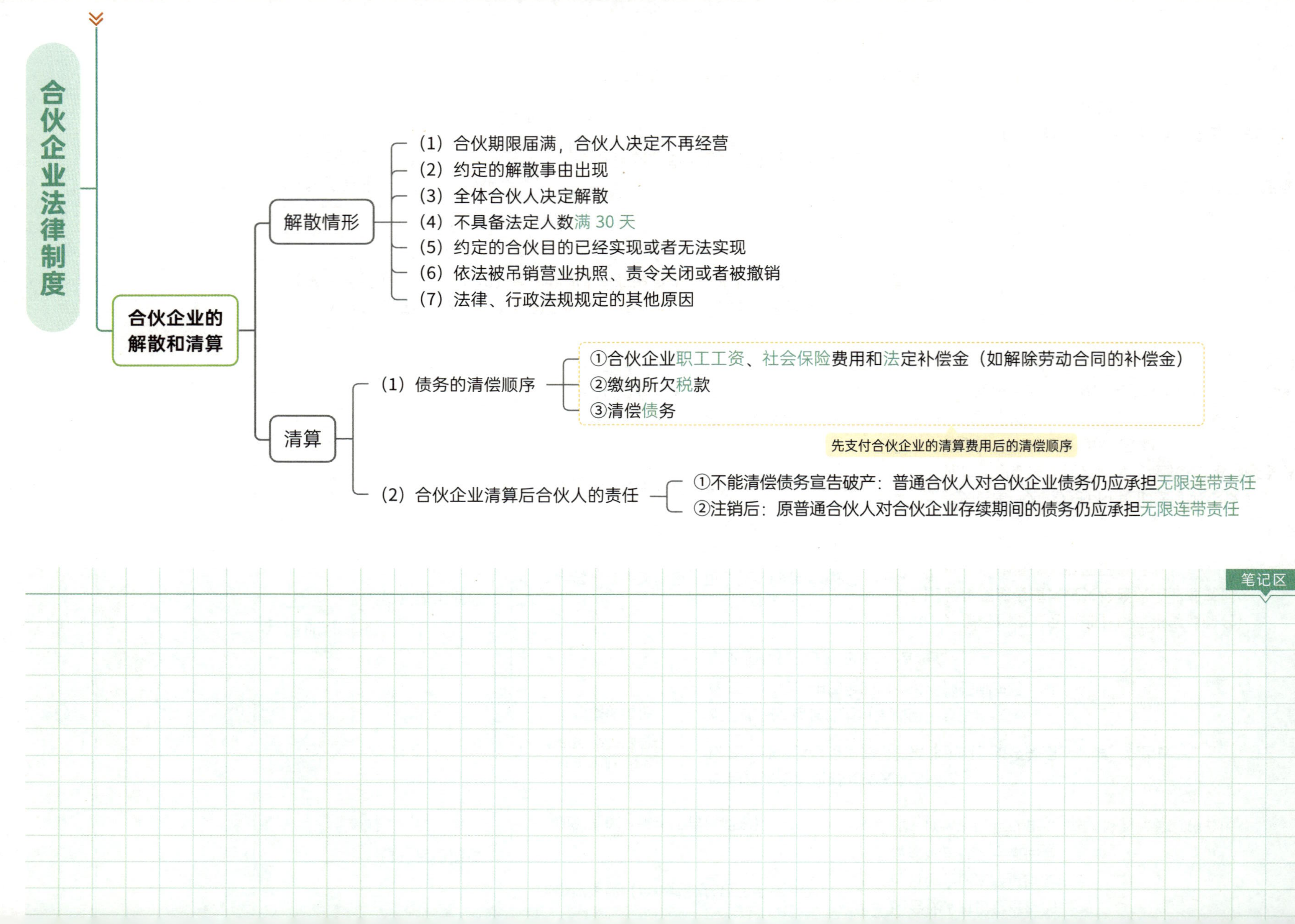
合伙企业法律制度
合伙企业的解散和清算
解散情形
（1）合伙期限届满，合伙人决定不再经营
（2）约定的解散事由出现
（3）全体合伙人决定解散
（4）不具备法定人数满 30 天
（5）约定的合伙目的已经实现或者无法实现
（6）依法被吊销营业执照、责令关闭或者被撤销
（7）法律、行政法规规定的其他原因
清算
（1）债务的清偿顺序
①合伙企业职工工资、社会保险费用和法定补偿金（如解除劳动合同的补偿金）
②缴纳所欠税款
③清偿债务
先支付合伙企业的清算费用后的清偿顺序
（2）合伙企业清算后合伙人的责任
①不能清偿债务宣告破产：普通合伙人对合伙企业债务仍应承担无限连带责任
②注销后：原普通合伙人对合伙企业存续期间的债务仍应承担无限连带责任
笔记区

物权法律制度

物权法通则

- 物的特征 — 有体性、可支配性、非人格性（活人的身体并不属于物；权利可以成为物权的客体）
- 物权种类
  - （1）所有权：国家所有权、集体所有权和私人所有权
  - （2）用益物权：土地承包经营权、建设用地使用权、宅基地使用权、居住权、地役权
  - （3）担保物权：抵押权、质权、留置权
- 物的分类
  - （1）主物与从物：两个独立存在的物在用途上客观存在的主从关系，如机器是主物，维修工具是从物
  - （2）动产与不动产
  - （3）原物与孳息
    - ①天然孳息：母鸡下蛋、树上结果等
    - ②法定孳息：利息、股利、租金
  - （4）可分物与不可分物
    - ①可分物：大米、石油、牛奶等
    - ②不可分物：一间房屋、一辆汽车、一头用于耕田的牛等
- （1）发生
  - ①原始取得 — 基于无主物之先占、拾得遗失物、添附、善意取得等取得物权
  - ②继受取得 — 基于买卖合同而取得
- （2）消灭
  - ①绝对消灭 — 物权自身不存在
  - ②相对消灭 — 物权本身未消灭
- （3）原因

分类	具体规定
引起物权变动的法律行为	买卖、互易、赠与、遗赠等
法律行为之外的法律事实	添附、法定继承、无主物的取得、善意取得，以及征用、没收、罚款等

- （4）动产物权变动
  - ①一般规定 — 原则上以交付为生效要件，但法律另有规定的除外

分类		简述	具体规定
现实交付		“直接给”	通常自交付时发生所有权变动
观念交付	简易交付	“已给过”	权利人已经占有该动产的，物权自民事法律行为生效时发生效力
	指示交付	“别人给”	第三人占有该动产的，负有交付义务的人可以通过转让请求第三人返还原物的权利代替交付
	占有改定	“先不给”	当事人又约定由出让人继续占有该动产的，物权自该约定生效时

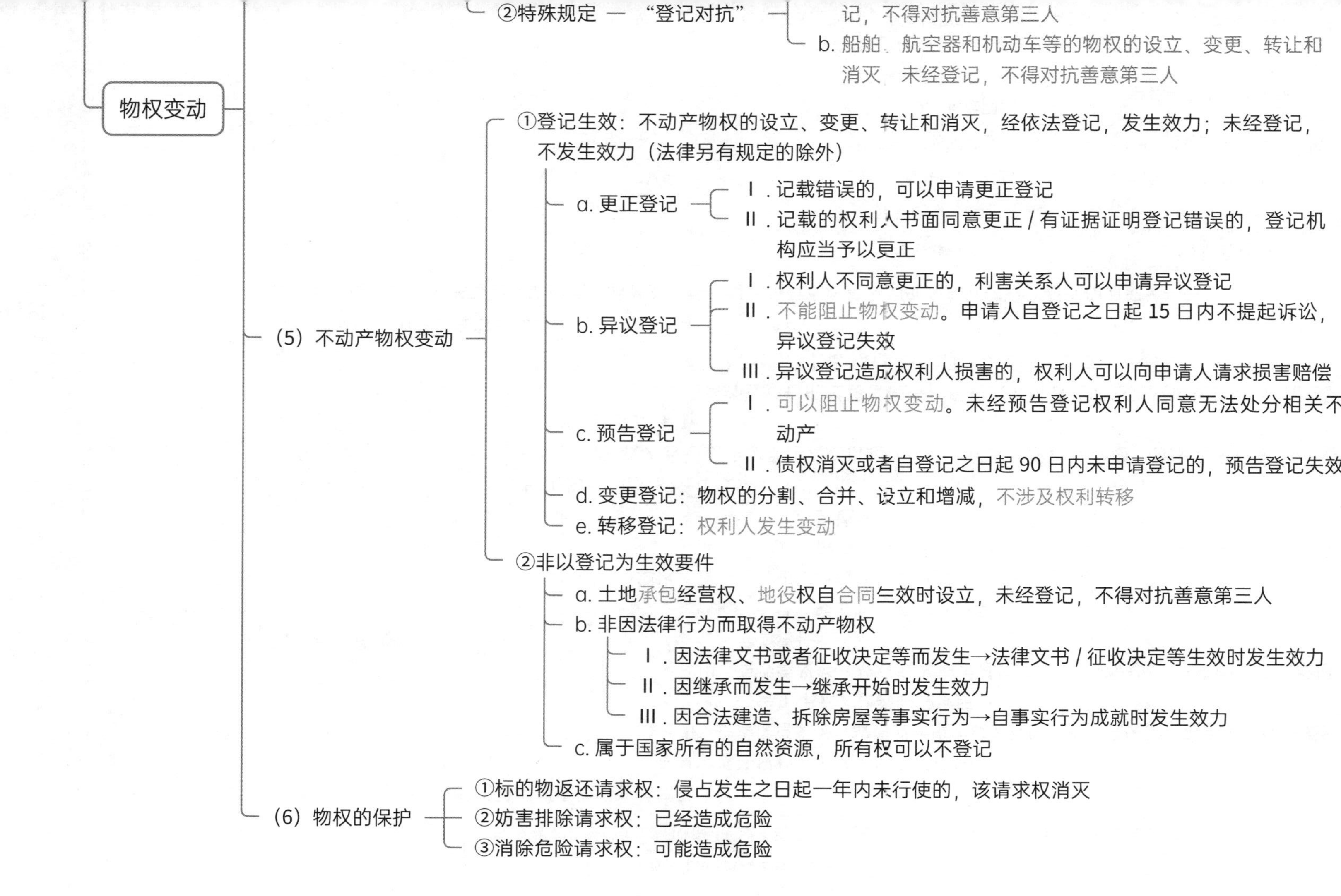

②特殊规定 — “登记对抗”

记，不得对抗善意第三人

b. 船舶、航空器和机动车等的物权的设立、变更、转让和消灭，未经登记，不得对抗善意第三人

物权变动

(5) 不动产物权变动

①登记生效：不动产物权的设立、变更、转让和消灭，经依法登记，发生效力；未经登记，不发生效力（法律另有规定的除外）

- a. 更正登记
  - Ⅰ. 记载错误的，可以申请更正登记
  - Ⅱ. 记载的权利人书面同意更正 / 有证据证明登记错误的，登记机构应当予以更正
- b. 异议登记
  - Ⅰ. 权利人不同意更正的，利害关系人可以申请异议登记
  - Ⅱ. 不能阻止物权变动。申请人自登记之日起 15 日内不提起诉讼，异议登记失效
  - Ⅲ. 异议登记造成权利人损害的，权利人可以向申请人请求损害赔偿
- c. 预告登记
  - Ⅰ. 可以阻止物权变动。未经预告登记权利人同意无法处分相关不动产
  - Ⅱ. 债权消灭或者自登记之日起 90 日内未申请登记的，预告登记失效
- d. 变更登记：物权的分割、合并、设立和增减，不涉及权利转移
- e. 转移登记：权利人发生变动

②非以登记为生效要件

- a. 土地承包经营权、地役权自合同生效时设立，未经登记，不得对抗善意第三人
- b. 非因法律行为而取得不动产物权
  - Ⅰ. 因法律文书或者征收决定等而发生→法律文书 / 征收决定等生效时发生效力
  - Ⅱ. 因继承而发生→继承开始时发生效力
  - Ⅲ. 因合法建造、拆除房屋等事实行为→自事实行为成就时发生效力
- c. 属于国家所有的自然资源，所有权可以不登记

(6) 物权的保护

- ①标的物返还请求权：侵占发生之日起一年内未行使的，该请求权消灭
- ②妨害排除请求权：已经造成危险
- ③消除危险请求权：可能造成危险

物权法律制度

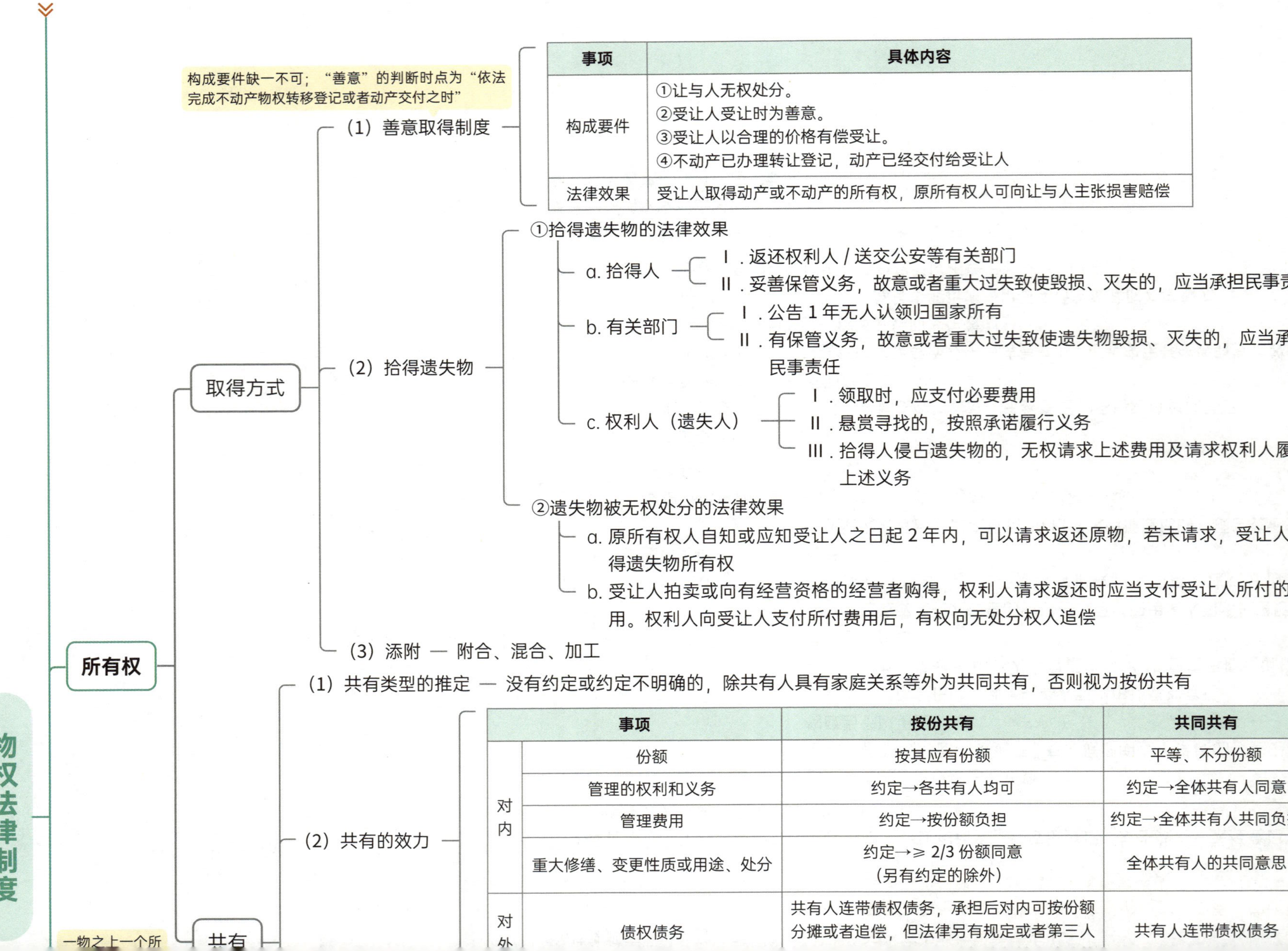

所有权

取得方式

（1）善意取得制度

构成要件缺一不可；“善意”的判断时点为“依法完成不动产物权转移登记或者动产交付之时”

事项	具体内容
构成要件	①让与人无权处分。 ②受让人受让时为善意。 ③受让人以合理的价格有偿受让。 ④不动产已办理转让登记，动产已经交付给受让人
法律效果	受让人取得动产或不动产的所有权，原所有权人可向让与人主张损害赔偿

（2）拾得遗失物

①拾得遗失物的法律效果

- a. 拾得人
  - Ⅰ. 返还权利人 / 送交公安等有关部门
  - Ⅱ. 妥善保管义务，故意或者重大过失致使毁损、灭失的，应当承担民事责任
- b. 有关部门
  - Ⅰ. 公告 1 年无人认领归国家所有
  - Ⅱ. 有保管义务，故意或者重大过失致使遗失物毁损、灭失的，应当承担民事责任
- c. 权利人（遗失人）
  - Ⅰ. 领取时，应支付必要费用
  - Ⅱ. 悬赏寻找的，按照承诺履行义务
  - Ⅲ. 拾得人侵占遗失物的，无权请求上述费用及请求权利人履行上述义务

②遗失物被无权处分的法律效果

- a. 原所有权人自知或应知受让人之日起 2 年内，可以请求返还原物，若未请求，受让人取得遗失物所有权
- b. 受让人拍卖或向有经营资格的经营者购得，权利人请求返还时应当支付受让人所付的费用。权利人向受让人支付所付费用后，有权向无处分权人追偿

（3）添附 — 附合、混合、加工

共有

（1）共有类型的推定 — 没有约定或约定不明确的，除共有人具有家庭关系等外为共同共有，否则视为按份共有

（2）共有的效力

事项		按份共有	共同共有
对内	份额	按其应有份额	平等、不分份额
	管理的权利和义务	约定→各共有人均可	约定→全体共有人同意
	管理费用	约定→按份额负担	约定→全体共有人共同负担
	重大修缮、变更性质或用途、处分	约定→≥ 2/3 份额同意（另有约定的除外）	全体共有人的共同意思
对外	债权债务	共有人连带债权债务，承担后对内可按份额分摊或者追偿，但法律另有规定或者第三人	共有人连带债权债务

一物之上一个所

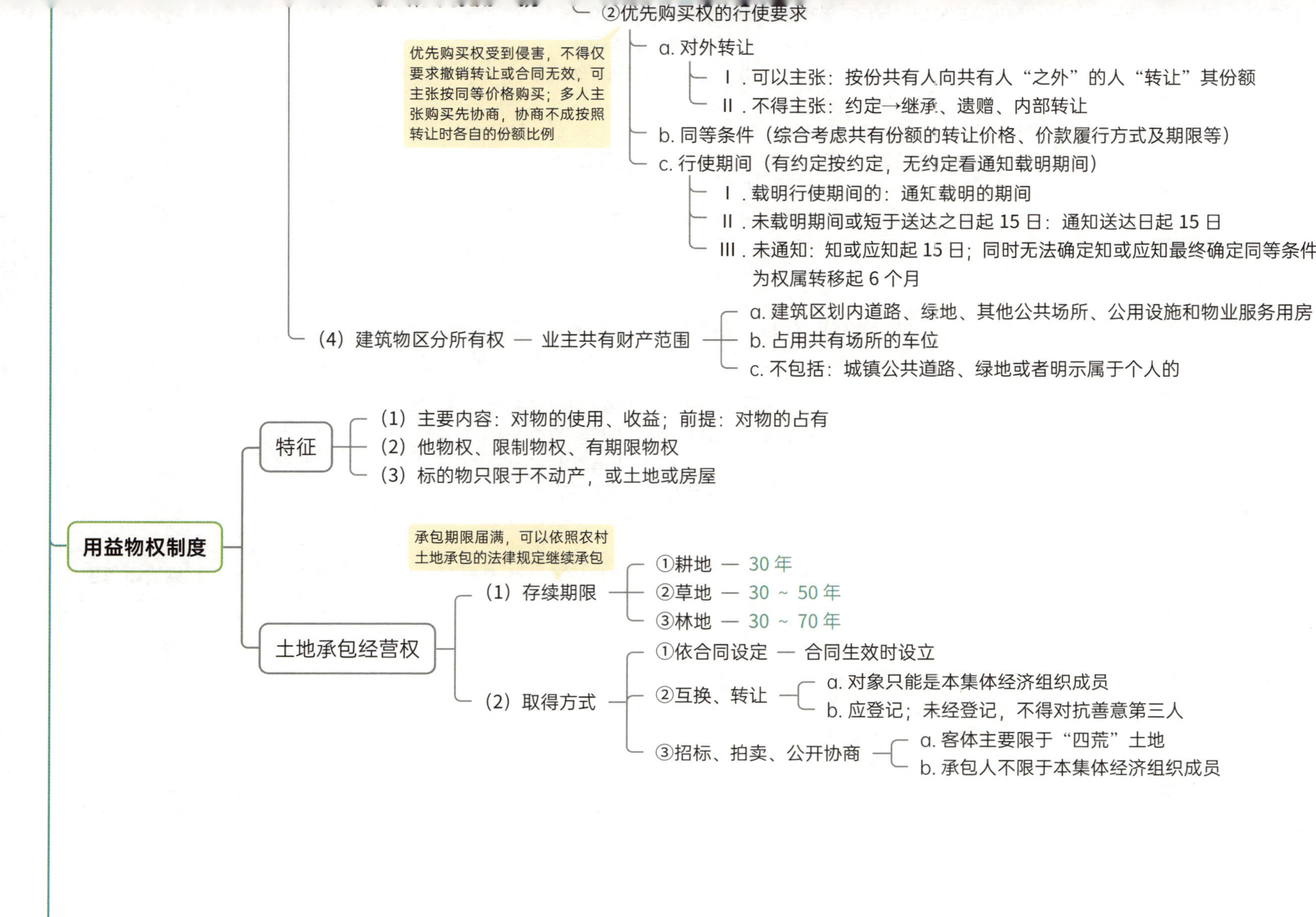
②优先购买权的行使要求
优先购买权受到侵害，不得仅要求撤销转让或合同无效，可主张按同等价格购买；多人主张购买先协商，协商不成按照转让时各自的份额比例
a. 对外转让
Ⅰ. 可以主张：按份共有人向共有人“之外”的人“转让”其份额
Ⅱ. 不得主张：约定→继承、遗赠、内部转让
b. 同等条件（综合考虑共有份额的转让价格、价款履行方式及期限等）
c. 行使期间（有约定按约定，无约定看通知载明期间）
Ⅰ. 载明行使期间的：通知载明的期间
Ⅱ. 未载明期间或短于送达之日起 15 日：通知送达日起 15 日
Ⅲ. 未通知：知或应知起 15 日；同时无法确定知或应知最终确定同等条件的，为权属转移起 6 个月
（4）建筑物区分所有权 — 业主共有财产范围
a. 建筑区划内道路、绿地、其他公共场所、公用设施和物业服务用房
b. 占用共有场所的车位
c. 不包括：城镇公共道路、绿地或者明示属于个人的
用益物权制度
特征
（1）主要内容：对物的使用、收益；前提：对物的占有
（2）他物权、限制物权、有期限物权
（3）标的物只限于不动产，或土地或房屋
土地承包经营权
承包期限届满，可以依照农村土地承包的法律规定继续承包
（1）存续期限
①耕地 — 30 年
②草地 — 30 ~ 50 年
③林地 — 30 ~ 70 年
（2）取得方式
①依合同设定 — 合同生效时设立
②互换、转让
a. 对象只能是本集体经济组织成员
b. 应登记；未经登记，不得对抗善意第三人
③招标、拍卖、公开协商
a. 客体主要限于“四荒”土地
b. 承包人不限于本集体经济组织成员

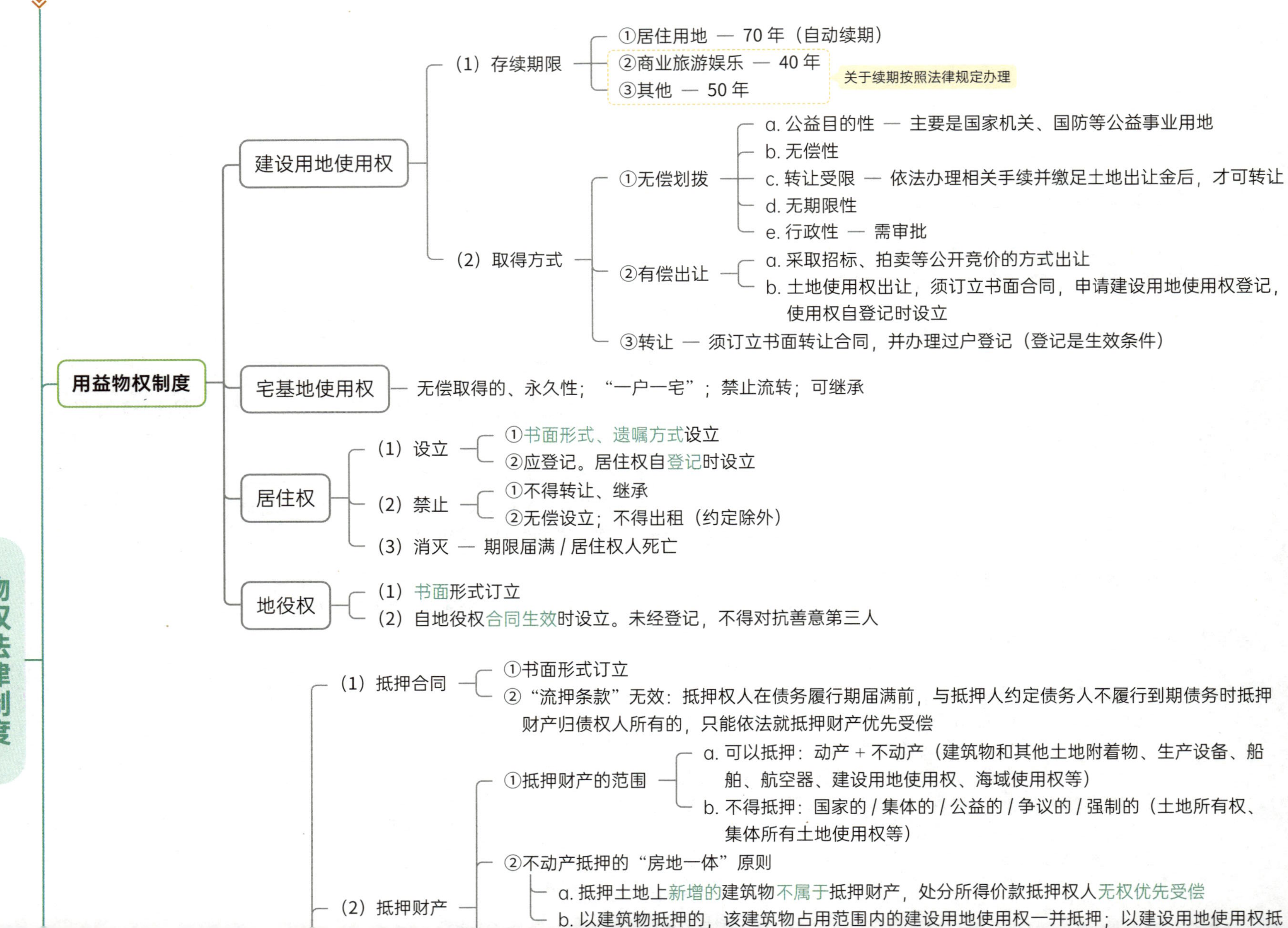
物权法律制度
用益物权制度
建设用地使用权
（1）存续期限
①居住用地 — 70 年（自动续期）
②商业旅游娱乐 — 40 年
③其他 — 50 年
关于续期按照法律规定办理
（2）取得方式
①无偿划拨
a. 公益目的性 — 主要是国家机关、国防等公益事业用地
b. 无偿性
c. 转让受限 — 依法办理相关手续并缴足土地出让金后，才可转让
d. 无期限性
e. 行政性 — 需审批
②有偿出让
a. 采取招标、拍卖等公开竞价的方式出让
b. 土地使用权出让，须订立书面合同，申请建设用地使用权登记，使用权自登记时设立
③转让 — 须订立书面转让合同，并办理过户登记（登记是生效条件）
宅基地使用权
无偿取得的、永久性；“一户一宅”；禁止流转；可继承
居住权
（1）设立
①书面形式、遗嘱方式设立
②应登记。居住权自登记时设立
（2）禁止
①不得转让、继承
②无偿设立；不得出租（约定除外）
（3）消灭 — 期限届满 / 居住权人死亡
地役权
（1）书面形式订立
（2）自地役权合同生效时设立。未经登记，不得对抗善意第三人
（1）抵押合同
①书面形式订立
②“流押条款”无效：抵押权人在债务履行期届满前，与抵押人约定债务人不履行到期债务时抵押财产归债权人所有的，只能依法就抵押财产优先受偿
（2）抵押财产
①抵押财产的范围
a. 可以抵押：动产 + 不动产（建筑物和其他土地附着物、生产设备、船舶、航空器、建设用地使用权、海域使用权等）
b. 不得抵押：国家的 / 集体的 / 公益的 / 争议的 / 强制的（土地所有权、集体所有土地使用权等）
②不动产抵押的“房地一体”原则
a. 抵押土地上新增的建筑物不属于抵押财产，处分所得价款抵押权人无权优先受偿
b. 以建筑物抵押的，该建筑物占用范围内的建设用地使用权一并抵押；以建设用地使用权抵

担保物权制度 — 抵押

- b. 特点：抵押权设立时抵押财产的范围不确定
- (3) 抵押权的设立
  - ①一般规则
    - a. 动产：自抵押合同生效时设立；未经登记，不得对抗善意第三人
    - b. 不动产：以不动产抵押的，应当办理抵押登记，抵押权自登记时设立
  - ②“正常买受人”规则 — 不得对抗正常经营活动中已经支付合理价款并取得抵押财产的买受人（无论登记与否）
    - 购买出卖人的生产设备不能认定为正常经营活动
- (4) 抵押权的效力
  - ①担保范围 — 主债权及利息、违约金、损害赔偿金和实现抵押权的费用。抵押合同另有约定的，按照约定
  - ②标的物范围
    - a. 抵押物所生孳息 — 自扣押之日起有权收取（未通知义务人的除外）
    - b. 从物
      - Ⅰ. 产生于抵押权设立前，效力及于从物（另有约定的除外）
      - Ⅱ. 产生于抵押权设立后，效力不及于从物，但一并处分，不享有优先受偿权
    - c. 代位物 — 抵押财产毁损或者被征收等，抵押权人可以就保险金、赔偿金或者补偿金等优先受偿
  - ③抵押人的权利
    - a. 抵押物出租的权利
      - Ⅰ. 租赁在先，租优先：不得终止租赁
      - Ⅱ. 抵押在先，看登记
        - · 已登记，租赁权不得对抗抵押权（可终止租赁）
        - · 未登记，不得终止租赁，但是承租人知或应知已订立抵押合同的除外
    - b. 抵押物转让的权利 — 抵押期间可以转让抵押财产（另有约定除外）
  - ④抵押权人的权利
    - a. 顺位权
    - b. 保全
      - Ⅰ. 抵押人的行为足以使抵押财产价值减少：有权要求停止其行为
      - Ⅱ. 抵押财产价值减少：有权要求恢复价值，或提供相应担保，否则提前清偿
      - Ⅲ. 代位物：担保财产毁损、被征用等，可就保险金、赔偿金或者补偿金等优先受偿
    - c. 价款债权抵押的超级优先效力：抵押担保的主债权是抵押物的价款且标的物交付后 10 日内登记的，该抵押权人优先于抵押物买受人的其他担保物权人受偿（留置权人除外）
- (5) 抵押权的实现
  - ①方式：自主协议实现和通过法院实现
  - ②清偿抵押财产折价或者拍卖、变卖后，其价款超过债权数额的部分归抵押人所有，不足部分由债务人清偿

物权法律制度

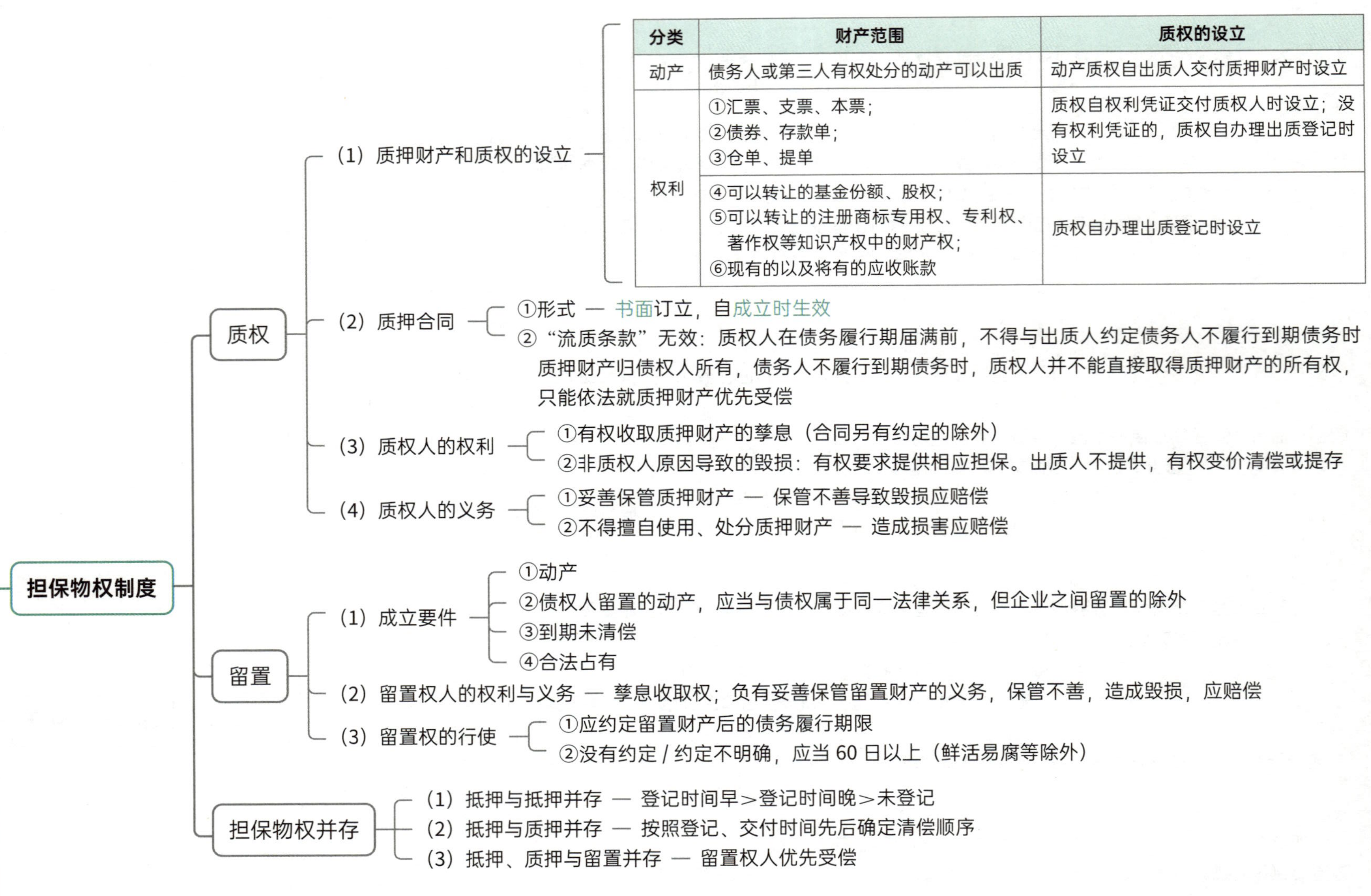

分类	财产范围	质权的设立
动产	债务人或第三人有权处分的动产可以出质	动产质权自出质人交付质押财产时设立
权利	①汇票、支票、本票； ②债券、存款单； ③仓单、提单	质权自权利凭证交付质权人时设立；没有权利凭证的，质权自办理出质登记时设立
	④可以转让的基金份额、股权； ⑤可以转让的注册商标专用权、专利权、著作权等知识产权中的财产权； ⑥现有的以及将有的应收账款	质权自办理出质登记时设立

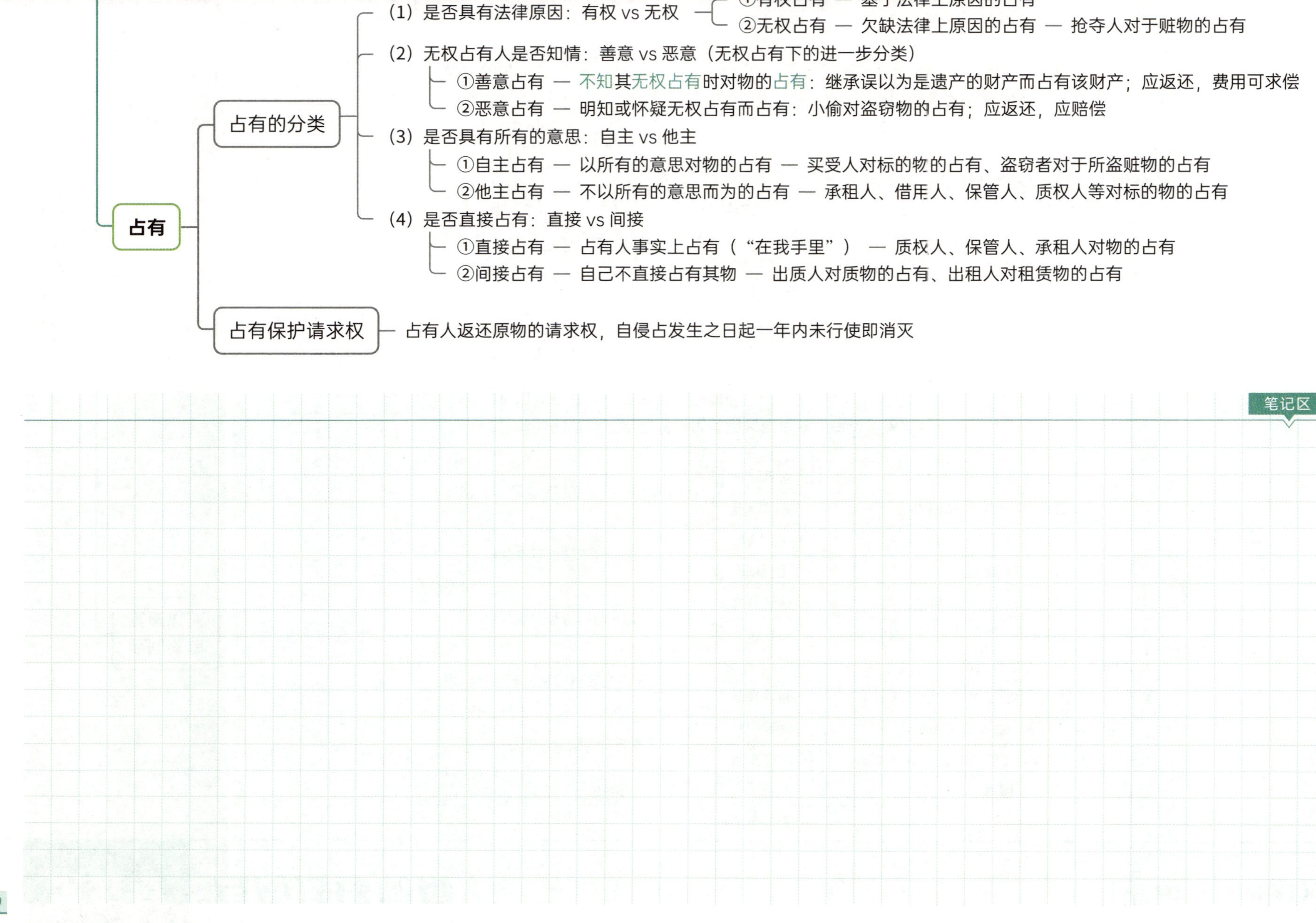
占有
占有的分类
（1）是否具有法律原因：有权 vs 无权
①有权占有 — 基于法律上原因的占有
②无权占有 — 欠缺法律上原因的占有 — 抢夺人对于赃物的占有
（2）无权占有人是否知情：善意 vs 恶意（无权占有下的进一步分类）
①善意占有 — 不知其无权占有时对物的占有：继承误以为是遗产的财产而占有该财产；应返还，费用可求偿
②恶意占有 — 明知或怀疑无权占有而占有：小偷对盗窃物的占有；应返还，应赔偿
（3）是否具有所有的意思：自主 vs 他主
①自主占有 — 以所有的意思对物的占有 — 买受人对标的物的占有、盗窃者对于所盗赃物的占有
②他主占有 — 不以所有的意思而为的占有 — 承租人、借用人、保管人、质权人等对标的物的占有
（4）是否直接占有：直接 vs 间接
①直接占有 — 占有人事实上占有（“在我手里”） — 质权人、保管人、承租人对物的占有
②间接占有 — 自己不直接占有其物 — 出质人对质物的占有、出租人对租赁物的占有
占有保护请求权
占有人返还原物的请求权，自侵占发生之日起一年内未行使即消灭
笔记区

第五章　合同法律制度　（考 10 ～ 22 分）

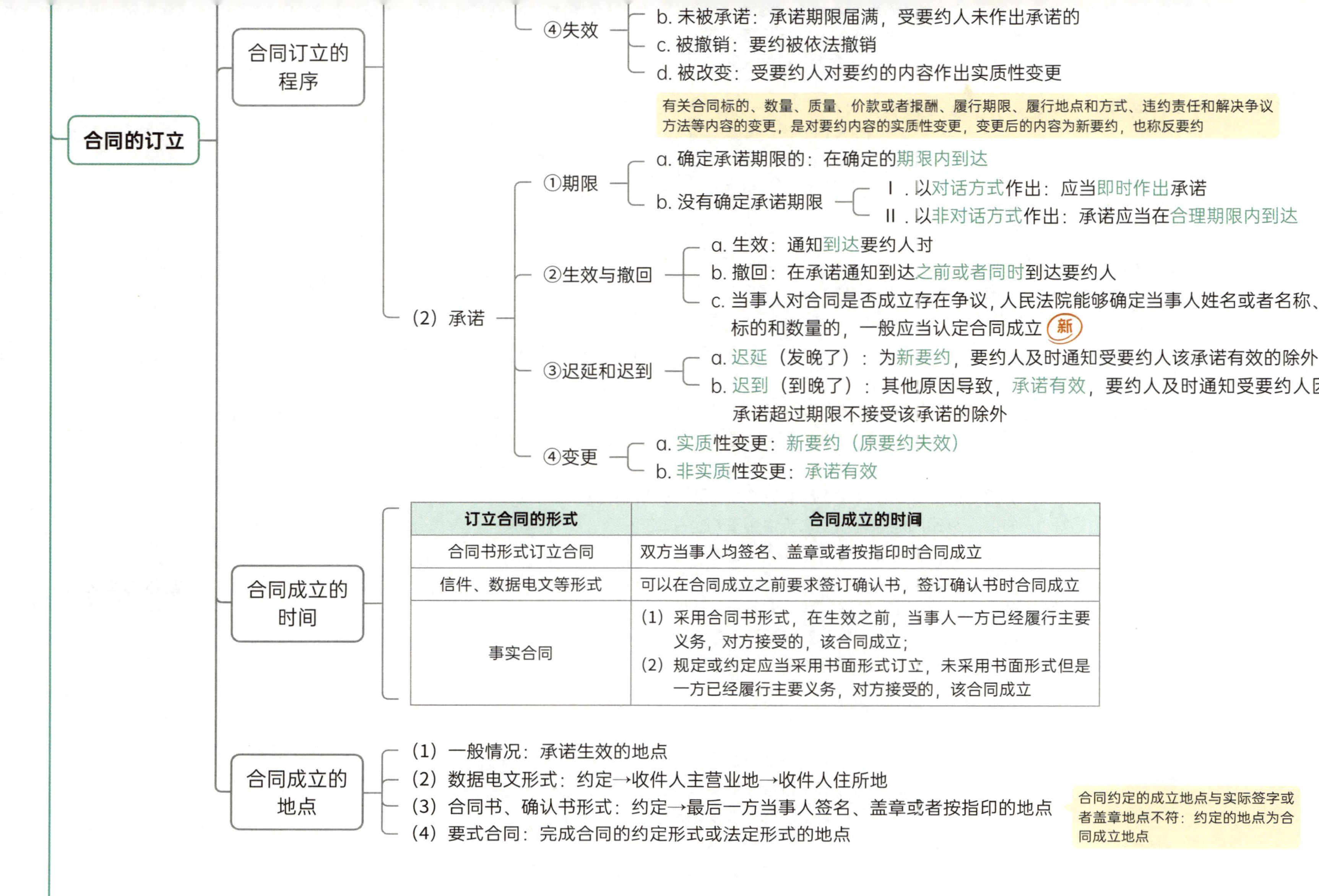

合同的订立

合同订立的程序

- ④失效
  - b. 未被承诺：承诺期限届满，受要约人未作出承诺的
  - c. 被撤销：要约被依法撤销
  - d. 被改变：受要约人对要约的内容作出实质性变更

有关合同标的、数量、质量、价款或者报酬、履行期限、履行地点和方式、违约责任和解决争议方法等内容的变更，是对要约内容的实质性变更，变更后的内容为新要约，也称反要约

- （2）承诺
  - ①期限
    - a. 确定承诺期限的：在确定的期限内到达
    - b. 没有确定承诺期限
      - Ⅰ. 以对话方式作出：应当即时作出承诺
      - Ⅱ. 以非对话方式作出：承诺应当在合理期限内到达
  - ②生效与撤回
    - a. 生效：通知到达要约人时
    - b. 撤回：在承诺通知到达之前或者同时到达要约人
    - c. 当事人对合同是否成立存在争议，人民法院能够确定当事人姓名或者名称、标的和数量的，一般应当认定合同成立（新）
  - ③迟延和迟到
    - a. 迟延（发晚了）：为新要约，要约人及时通知受要约人该承诺有效的除外
    - b. 迟到（到晚了）：其他原因导致，承诺有效，要约人及时通知受要约人因承诺超过期限不接受该承诺的除外
  - ④变更
    - a. 实质性变更：新要约（原要约失效）
    - b. 非实质性变更：承诺有效

合同成立的时间

订立合同的形式	合同成立的时间
合同书形式订立合同	双方当事人均签名、盖章或者按指印时合同成立
信件、数据电文等形式	可以在合同成立之前要求签订确认书，签订确认书时合同成立
事实合同	（1）采用合同书形式，在生效之前，当事人一方已经履行主要义务，对方接受的，该合同成立； （2）规定或约定应当采用书面形式订立，未采用书面形式但是一方已经履行主要义务，对方接受的，该合同成立

合同成立的地点

- （1）一般情况：承诺生效的地点
- （2）数据电文形式：约定→收件人主营业地→收件人住所地
- （3）合同书、确认书形式：约定→最后一方当事人签名、盖章或者按指印的地点
- （4）要式合同：完成合同的约定形式或法定形式的地点

合同约定的成立地点与实际签字或者盖章地点不符：约定的地点为合同成立地点

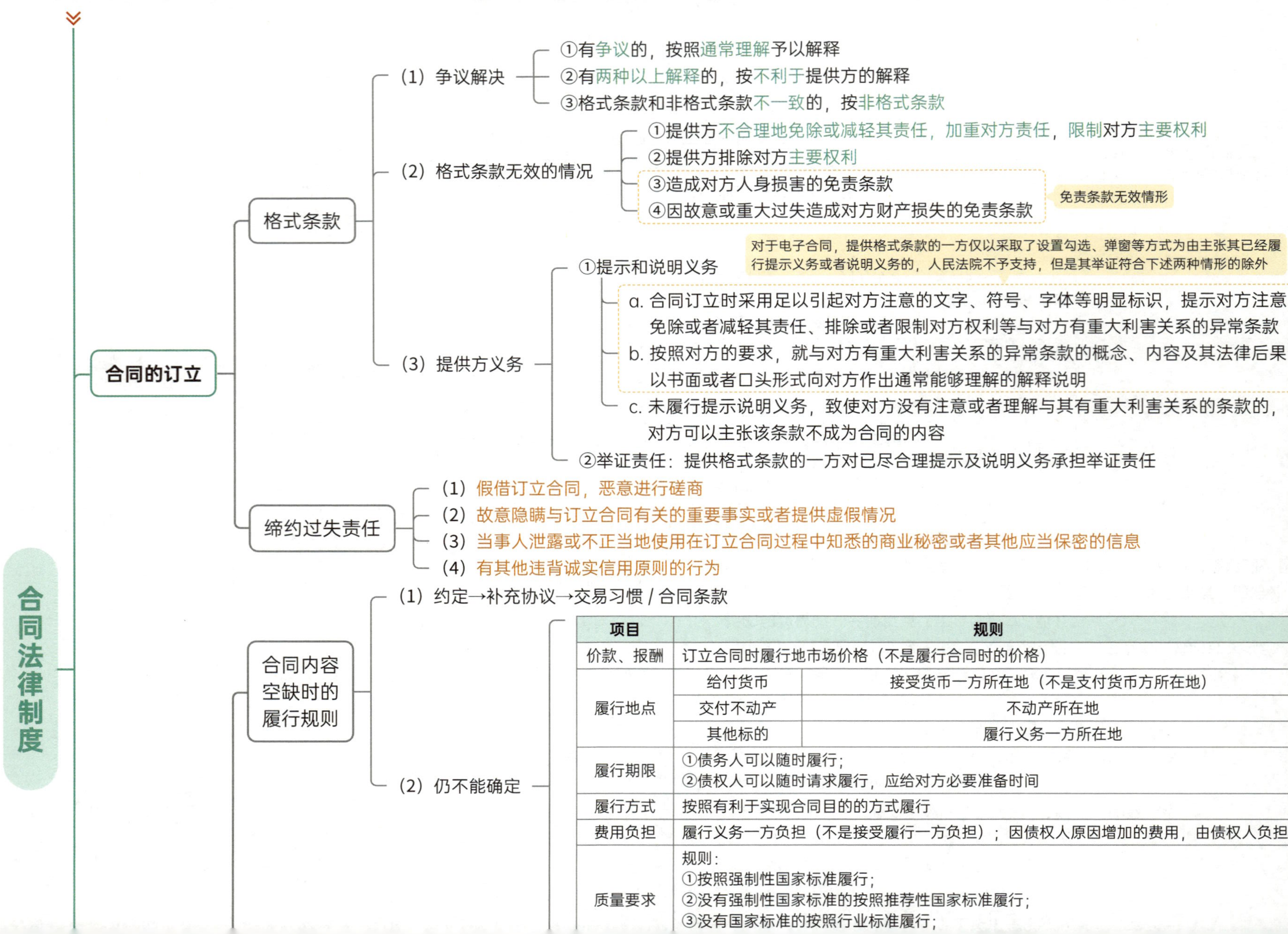

合同法律制度

合同的订立

格式条款

（1）争议解决
- ①有争议的，按照通常理解予以解释
- ②有两种以上解释的，按不利于提供方的解释
- ③格式条款和非格式条款不一致的，按非格式条款

（2）格式条款无效的情况
- ①提供方不合理地免除或减轻其责任，加重对方责任，限制对方主要权利
- ②提供方排除对方主要权利
- ③造成对方人身损害的免责条款
- ④因故意或重大过失造成对方财产损失的免责条款

（免责条款无效情形）

（3）提供方义务
- ①提示和说明义务

  对于电子合同，提供格式条款的一方仅以采取了设置勾选、弹窗等方式为由主张其已经履行提示义务或者说明义务的，人民法院不予支持，但是其举证符合下述两种情形的除外

  - a. 合同订立时采用足以引起对方注意的文字、符号、字体等明显标识，提示对方注意免除或者减轻其责任、排除或者限制对方权利等与对方有重大利害关系的异常条款
  - b. 按照对方的要求，就与对方有重大利害关系的异常条款的概念、内容及其法律后果以书面或者口头形式向对方作出通常能够理解的解释说明
  - c. 未履行提示说明义务，致使对方没有注意或者理解与其有重大利害关系的条款的，对方可以主张该条款不成为合同的内容
- ②举证责任：提供格式条款的一方对已尽合理提示及说明义务承担举证责任

缔约过失责任

- （1）假借订立合同，恶意进行磋商
- （2）故意隐瞒与订立合同有关的重要事实或者提供虚假情况
- （3）当事人泄露或不正当地使用在订立合同过程中知悉的商业秘密或者其他应当保密的信息
- （4）有其他违背诚实信用原则的行为

合同内容空缺时的履行规则

（1）约定→补充协议→交易习惯 / 合同条款

（2）仍不能确定

<table>
<tr><th>项目</th><th colspan="2">规则</th></tr>
<tr><td>价款、报酬</td><td colspan="2">订立合同时履行地市场价格（不是履行合同时的价格）</td></tr>
<tr><td rowspan="3">履行地点</td><td>给付货币</td><td>接受货币一方所在地（不是支付货币方所在地）</td></tr>
<tr><td>交付不动产</td><td>不动产所在地</td></tr>
<tr><td>其他标的</td><td>履行义务一方所在地</td></tr>
<tr><td>履行期限</td><td colspan="2">①债务人可以随时履行；
②债权人可以随时请求履行，应给对方必要准备时间</td></tr>
<tr><td>履行方式</td><td colspan="2">按照有利于实现合同目的的方式履行</td></tr>
<tr><td>费用负担</td><td colspan="2">履行义务一方负担（不是接受履行一方负担）；因债权人原因增加的费用，由债权人负担</td></tr>
<tr><td>质量要求</td><td colspan="2">规则：
①按照强制性国家标准履行；
②没有强制性国家标准的按照推荐性国家标准履行；
③没有国家标准的按照行业标准履行；</td></tr>
</table>

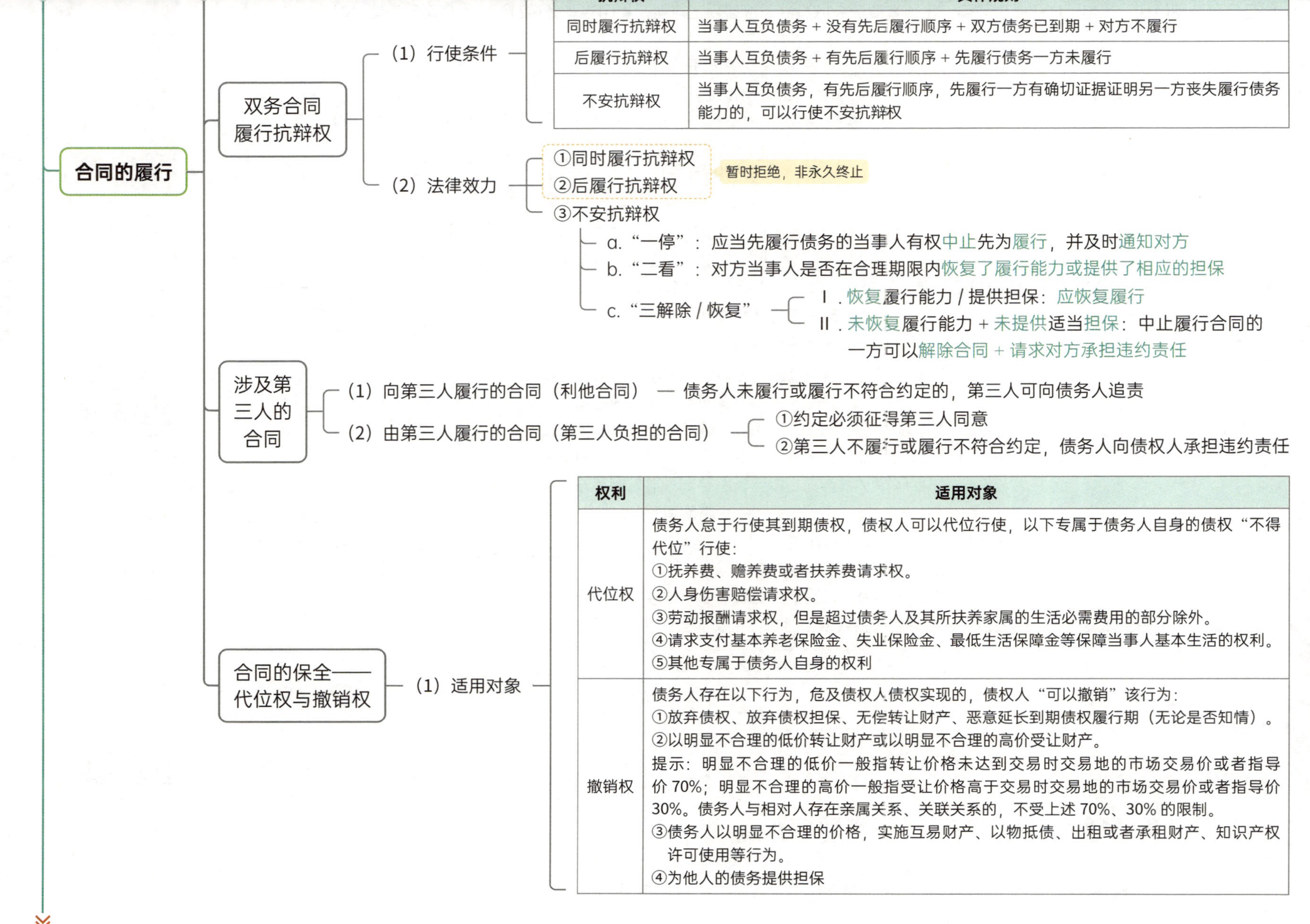

合同的履行

双务合同履行抗辩权

（1）行使条件

抗辩权	具体规则
同时履行抗辩权	当事人互负债务 + 没有先后履行顺序 + 双方债务已到期 + 对方不履行
后履行抗辩权	当事人互负债务 + 有先后履行顺序 + 先履行债务一方未履行
不安抗辩权	当事人互负债务，有先后履行顺序，先履行一方有确切证据证明另一方丧失履行债务能力的，可以行使不安抗辩权

（2）法律效力

- ①同时履行抗辩权
- ②后履行抗辩权

暂时拒绝，非永久终止

- ③不安抗辩权
  - a.“一停”：应当先履行债务的当事人有权中止先为履行，并及时通知对方
  - b.“二看”：对方当事人是否在合理期限内恢复了履行能力或提供了相应的担保
  - c.“三解除 / 恢复”
    - Ⅰ.恢复履行能力 / 提供担保：应恢复履行
    - Ⅱ.未恢复履行能力 + 未提供适当担保：中止履行合同的一方可以解除合同 + 请求对方承担违约责任

涉及第三人的合同

（1）向第三人履行的合同（利他合同）— 债务人未履行或履行不符合约定的，第三人可向债务人追责

（2）由第三人履行的合同（第三人负担的合同）

- ①约定必须征得第三人同意
- ②第三人不履行或履行不符合约定，债务人向债权人承担违约责任

合同的保全——代位权与撤销权

（1）适用对象

权利	适用对象
代位权	债务人怠于行使其到期债权，债权人可以代位行使，以下专属于债务人自身的债权“不得代位”行使： ①抚养费、赡养费或者扶养费请求权。 ②人身伤害赔偿请求权。 ③劳动报酬请求权，但是超过债务人及其所扶养家属的生活必需费用的部分除外。 ④请求支付基本养老保险金、失业保险金、最低生活保障金等保障当事人基本生活的权利。 ⑤其他专属于债务人自身的权利
撤销权	债务人存在以下行为，危及债权人债权实现的，债权人“可以撤销”该行为： ①放弃债权、放弃债权担保、无偿转让财产、恶意延长到期债权履行期（无论是否知情）。 ②以明显不合理的低价转让财产或以明显不合理的高价受让财产。 提示：明显不合理的低价一般指转让价格未达到交易时交易地的市场交易价或者指导价 70%；明显不合理的高价一般指受让价格高于交易时交易地的市场交易价或者指导价 30%。债务人与相对人存在亲属关系、关联关系的，不受上述 70%、30% 的限制。 ③债务人以明显不合理的价格，实施互易财产、以物抵债、出租或者承租财产、知识产权许可使用等行为。 ④为他人的债务提供担保

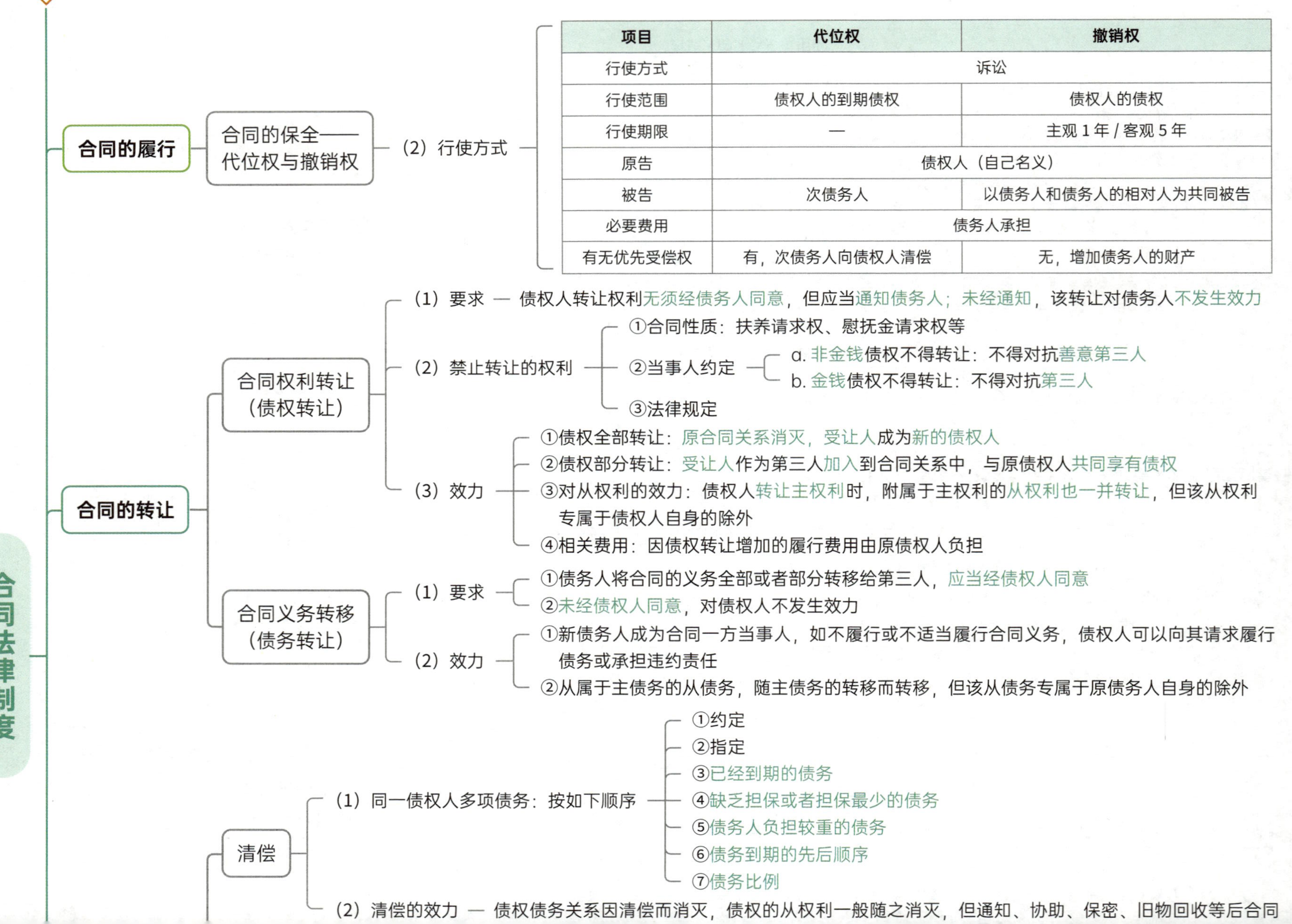

合同法律制度

合同的履行

合同的保全——代位权与撤销权

(2) 行使方式

项目	代位权	撤销权
行使方式	诉讼	
行使范围	债权人的到期债权	债权人的债权
行使期限	—	主观 1 年 / 客观 5 年
原告	债权人（自己名义）	
被告	次债务人	以债务人和债务人的相对人为共同被告
必要费用	债务人承担	
有无优先受偿权	有，次债务人向债权人清偿	无，增加债务人的财产

合同的转让

合同权利转让（债权转让）

(1) 要求 — 债权人转让权利无须经债务人同意，但应当通知债务人；未经通知，该转让对债务人不发生效力

(2) 禁止转让的权利
- ①合同性质：扶养请求权、慰抚金请求权等
- ②当事人约定
  - a. 非金钱债权不得转让：不得对抗善意第三人
  - b. 金钱债权不得转让：不得对抗第三人
- ③法律规定

(3) 效力
- ①债权全部转让：原合同关系消灭，受让人成为新的债权人
- ②债权部分转让：受让人作为第三人加入到合同关系中，与原债权人共同享有债权
- ③对从权利的效力：债权人转让主权利时，附属于主权利的从权利也一并转让，但该从权利专属于债权人自身的除外
- ④相关费用：因债权转让增加的履行费用由原债权人负担

合同义务转移（债务转让）

(1) 要求
- ①债务人将合同的义务全部或者部分转移给第三人，应当经债权人同意
- ②未经债权人同意，对债权人不发生效力

(2) 效力
- ①新债务人成为合同一方当事人，如不履行或不适当履行合同义务，债权人可以向其请求履行债务或承担违约责任
- ②从属于主债务的从债务，随主债务的转移而转移，但该从债务专属于原债务人自身的除外

清偿

(1) 同一债权人多项债务：按如下顺序
- ①约定
- ②指定
- ③已经到期的债务
- ④缺乏担保或者担保最少的债务
- ⑤债务人负担较重的债务
- ⑥债务到期的先后顺序
- ⑦债务比例

(2) 清偿的效力 — 债权债务关系因清偿而消灭，债权的从权利一般随之消灭，但通知、协助、保密、旧物回收等后合同

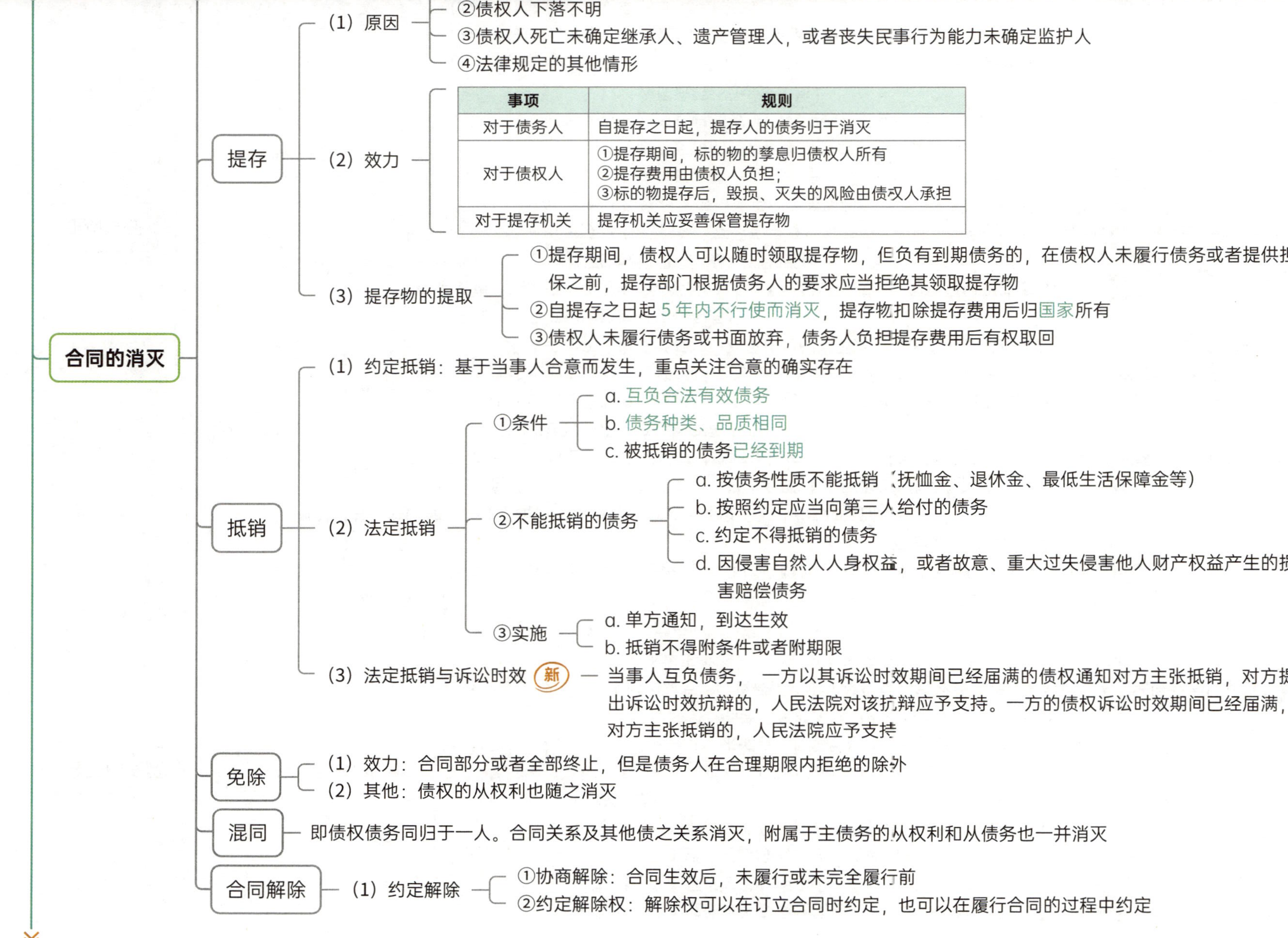

合同的消灭

- 提存
  - (1) 原因
    - ②债权人下落不明
    - ③债权人死亡未确定继承人、遗产管理人，或者丧失民事行为能力未确定监护人
    - ④法律规定的其他情形
  - (2) 效力

事项	规则
对于债务人	自提存之日起，提存人的债务归于消灭
对于债权人	①提存期间，标的物的孳息归债权人所有 ②提存费用由债权人负担； ③标的物提存后，毁损、灭失的风险由债权人承担
对于提存机关	提存机关应妥善保管提存物

  - (3) 提存物的提取
    - ①提存期间，债权人可以随时领取提存物，但负有到期债务的，在债权人未履行债务或者提供担保之前，提存部门根据债务人的要求应当拒绝其领取提存物
    - ②自提存之日起5年内不行使而消灭，提存物扣除提存费用后归国家所有
    - ③债权人未履行债务或书面放弃，债务人负担提存费用后有权取回
- 抵销
  - (1) 约定抵销：基于当事人合意而发生，重点关注合意的确实存在
  - (2) 法定抵销
    - ①条件
      - a. 互负合法有效债务
      - b. 债务种类、品质相同
      - c. 被抵销的债务已经到期
    - ②不能抵销的债务
      - a. 按债务性质不能抵销（抚恤金、退休金、最低生活保障金等）
      - b. 按照约定应当向第三人给付的债务
      - c. 约定不得抵销的债务
      - d. 因侵害自然人人身权益，或者故意、重大过失侵害他人财产权益产生的损害赔偿债务
    - ③实施
      - a. 单方通知，到达生效
      - b. 抵销不得附条件或者附期限
  - (3) 法定抵销与诉讼时效（新）— 当事人互负债务，一方以其诉讼时效期间已经届满的债权通知对方主张抵销，对方提出诉讼时效抗辩的，人民法院对该抗辩应予支持。一方的债权诉讼时效期间已经届满，对方主张抵销的，人民法院应予支持
- 免除
  - (1) 效力：合同部分或者全部终止，但是债务人在合理期限内拒绝的除外
  - (2) 其他：债权的从权利也随之消灭
- 混同 — 即债权债务同归于一人。合同关系及其他债之关系消灭，附属于主债务的从权利和从债务也一并消灭
- 合同解除
  - (1) 约定解除
    - ①协商解除：合同生效后，未履行或未完全履行前
    - ②约定解除权：解除权可以在订立合同时约定，也可以在履行合同的过程中约定

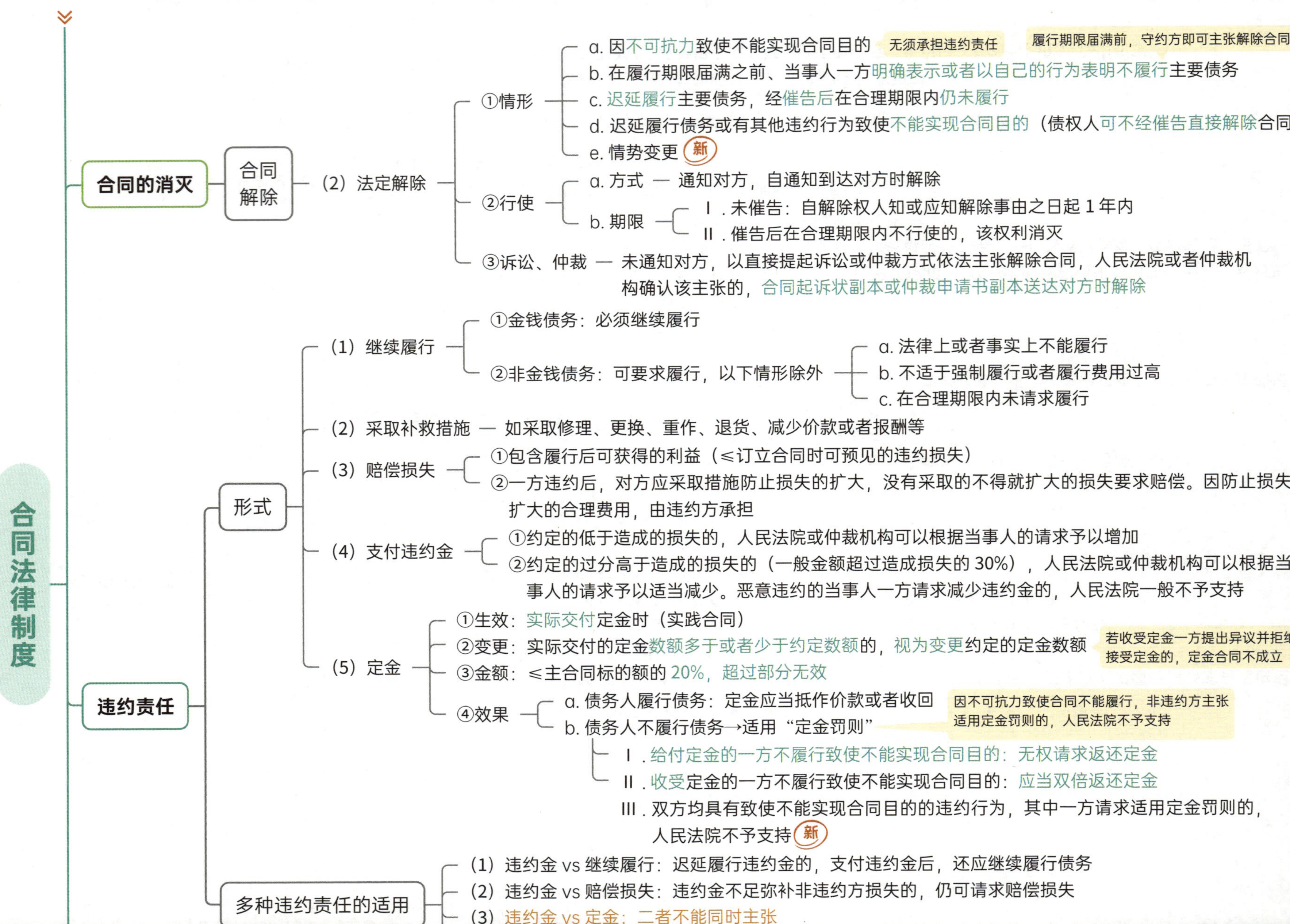
合同法律制度
合同的消灭
合同解除
（2）法定解除
①情形
a. 因不可抗力致使不能实现合同目的
无须承担违约责任
履行期限届满前，守约方即可主张解除合同
b. 在履行期限届满之前、当事人一方明确表示或者以自己的行为表明不履行主要债务
c. 迟延履行主要债务，经催告后在合理期限内仍未履行
d. 迟延履行债务或有其他违约行为致使不能实现合同目的（债权人可不经催告直接解除合同）
e. 情势变更 新
②行使
a. 方式 — 通知对方，自通知到达对方时解除
b. 期限
Ⅰ. 未催告：自解除权人知或应知解除事由之日起 1 年内
Ⅱ. 催告后在合理期限内不行使的，该权利消灭
③诉讼、仲裁 — 未通知对方，以直接提起诉讼或仲裁方式依法主张解除合同，人民法院或者仲裁机构确认该主张的，合同起诉状副本或仲裁申请书副本送达对方时解除
违约责任
形式
（1）继续履行
①金钱债务：必须继续履行
②非金钱债务：可要求履行，以下情形除外
a. 法律上或者事实上不能履行
b. 不适于强制履行或者履行费用过高
c. 在合理期限内未请求履行
（2）采取补救措施 — 如采取修理、更换、重作、退货、减少价款或者报酬等
（3）赔偿损失
①包含履行后可获得的利益（≤订立合同时可预见的违约损失）
②一方违约后，对方应采取措施防止损失的扩大，没有采取的不得就扩大的损失要求赔偿。因防止损失扩大的合理费用，由违约方承担
（4）支付违约金
①约定的低于造成的损失的，人民法院或仲裁机构可以根据当事人的请求予以增加
②约定的过分高于造成的损失的（一般金额超过造成损失的 30%），人民法院或仲裁机构可以根据当事人的请求予以适当减少。恶意违约的当事人一方请求减少违约金的，人民法院一般不予支持
（5）定金
①生效：实际交付定金时（实践合同）
②变更：实际交付的定金数额多于或者少于约定数额的，视为变更约定的定金数额
若收受定金一方提出异议并拒绝接受定金的，定金合同不成立
③金额：≤主合同标的额的 20%，超过部分无效
④效果
a. 债务人履行债务：定金应当抵作价款或者收回
b. 债务人不履行债务→适用“定金罚则”
因不可抗力致使合同不能履行，非违约方主张适用定金罚则的，人民法院不予支持
Ⅰ. 给付定金的一方不履行致使不能实现合同目的：无权请求返还定金
Ⅱ. 收受定金的一方不履行致使不能实现合同目的：应当双倍返还定金
Ⅲ. 双方均具有致使不能实现合同目的的违约行为，其中一方请求适用定金罚则的，人民法院不予支持 新
多种违约责任的适用
（1）违约金 vs 继续履行：迟延履行违约金的，支付违约金后，还应继续履行债务
（2）违约金 vs 赔偿损失：违约金不足弥补非违约方损失的，仍可请求赔偿损失
（3）违约金 vs 定金：二者不能同时主张

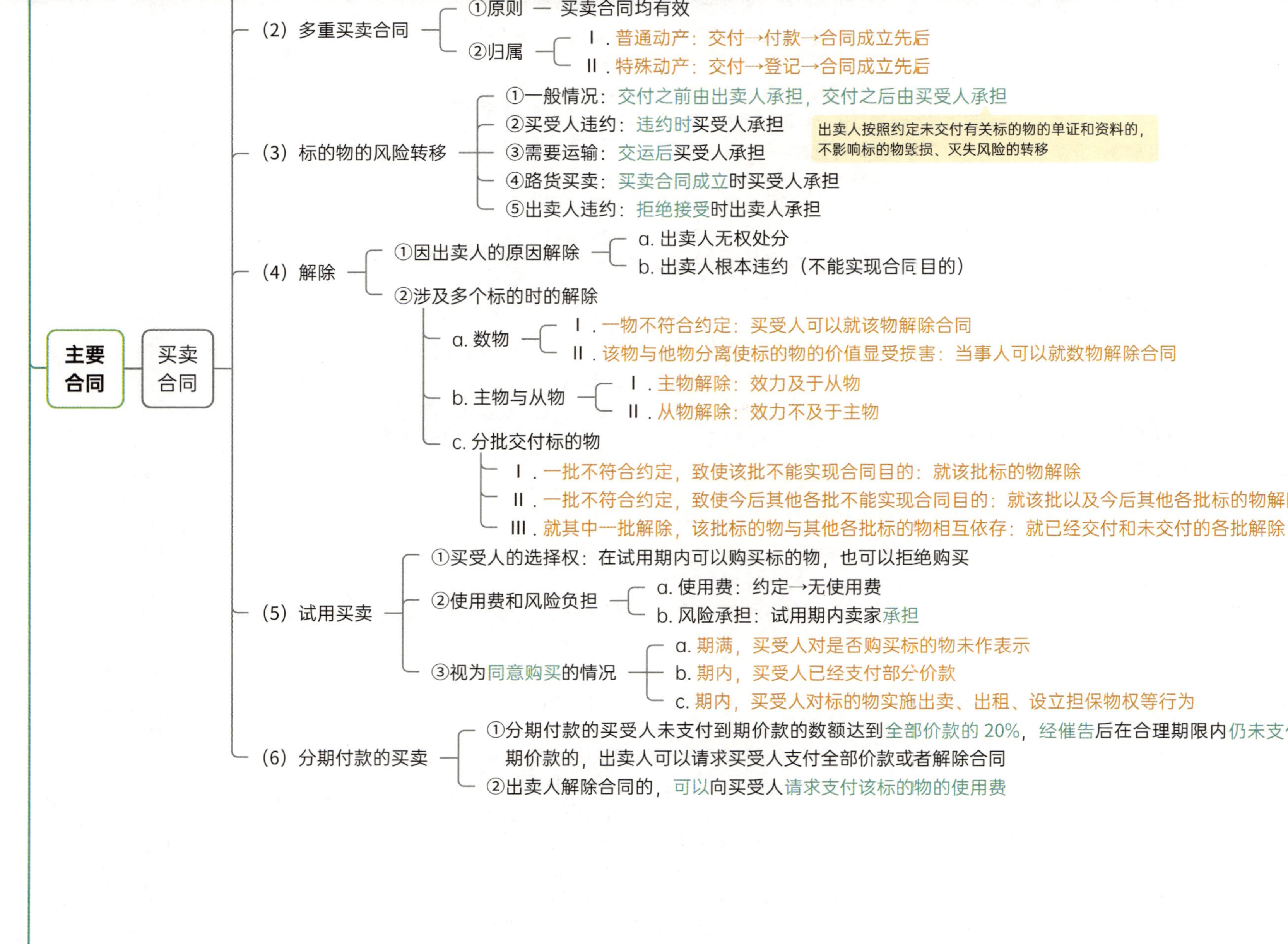
主要合同
买卖合同
(2) 多重买卖合同
①原则 — 买卖合同均有效
②归属
Ⅰ. 普通动产：交付→付款→合同成立先后
Ⅱ. 特殊动产：交付→登记→合同成立先后
(3) 标的物的风险转移
①一般情况：交付之前由出卖人承担，交付之后由买受人承担
②买受人违约：违约时买受人承担
③需要运输：交运后买受人承担
④路货买卖：买卖合同成立时买受人承担
⑤出卖人违约：拒绝接受时出卖人承担
出卖人按照约定未交付有关标的物的单证和资料的，不影响标的物毁损、灭失风险的转移
(4) 解除
①因出卖人的原因解除
a. 出卖人无权处分
b. 出卖人根本违约（不能实现合同目的）
②涉及多个标的时的解除
a. 数物
Ⅰ. 一物不符合约定：买受人可以就该物解除合同
Ⅱ. 该物与他物分离使标的物的价值显受损害：当事人可以就数物解除合同
b. 主物与从物
Ⅰ. 主物解除：效力及于从物
Ⅱ. 从物解除：效力不及于主物
c. 分批交付标的物
Ⅰ. 一批不符合约定，致使该批不能实现合同目的：就该批标的物解除
Ⅱ. 一批不符合约定，致使今后其他各批不能实现合同目的：就该批以及今后其他各批标的物解除
Ⅲ. 就其中一批解除，该批标的物与其他各批标的物相互依存：就已经交付和未交付的各批解除
(5) 试用买卖
①买受人的选择权：在试用期内可以购买标的物，也可以拒绝购买
②使用费和风险负担
a. 使用费：约定→无使用费
b. 风险承担：试用期内卖家承担
③视为同意购买的情况
a. 期满，买受人对是否购买标的物未作表示
b. 期内，买受人已经支付部分价款
c. 期内，买受人对标的物实施出卖、出租、设立担保物权等行为
(6) 分期付款的买卖
①分期付款的买受人未支付到期价款的数额达到全部价款的 20%，经催告后在合理期限内仍未支付到期价款的，出卖人可以请求买受人支付全部价款或者解除合同
②出卖人解除合同的，可以向买受人请求支付该标的物的使用费

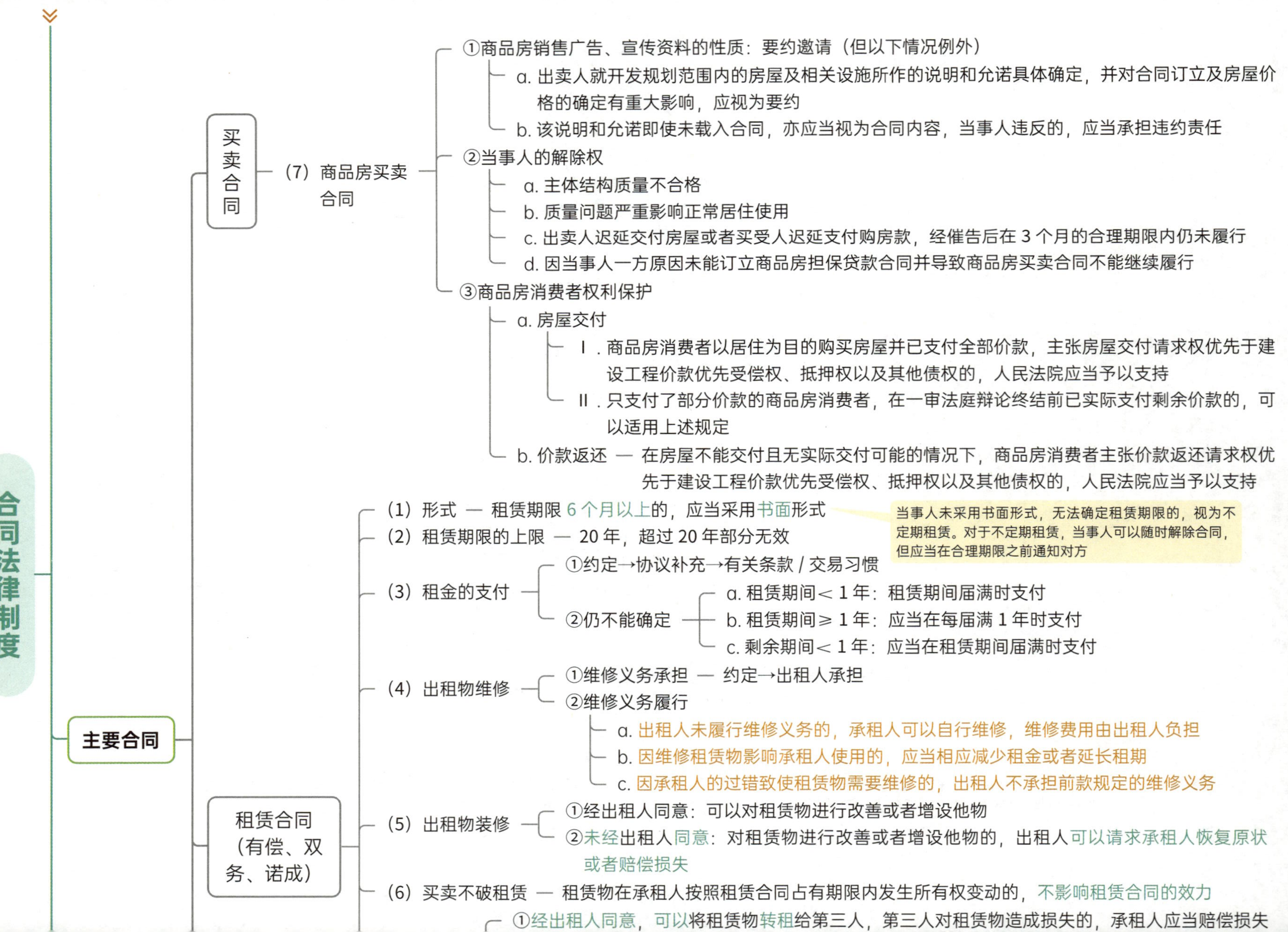

合同法律制度

主要合同

买卖合同

- （7）商品房买卖合同
  - ①商品房销售广告、宣传资料的性质：要约邀请（但以下情况例外）
    - a. 出卖人就开发规划范围内的房屋及相关设施所作的说明和允诺具体确定，并对合同订立及房屋价格的确定有重大影响，应视为要约
    - b. 该说明和允诺即使未载入合同，亦应当视为合同内容，当事人违反的，应当承担违约责任
  - ②当事人的解除权
    - a. 主体结构质量不合格
    - b. 质量问题严重影响正常居住使用
    - c. 出卖人迟延交付房屋或者买受人迟延支付购房款，经催告后在 3 个月的合理期限内仍未履行
    - d. 因当事人一方原因未能订立商品房担保贷款合同并导致商品房买卖合同不能继续履行
  - ③商品房消费者权利保护
    - a. 房屋交付
      - Ⅰ. 商品房消费者以居住为目的购买房屋并已支付全部价款，主张房屋交付请求权优先于建设工程价款优先受偿权、抵押权以及其他债权的，人民法院应当予以支持
      - Ⅱ. 只支付了部分价款的商品房消费者，在一审法庭辩论终结前已实际支付剩余价款的，可以适用上述规定
    - b. 价款返还 — 在房屋不能交付且无实际交付可能的情况下，商品房消费者主张价款返还请求权优先于建设工程价款优先受偿权、抵押权以及其他债权的，人民法院应当予以支持

租赁合同（有偿、双务、诺成）

- （1）形式 — 租赁期限 6 个月以上的，应当采用书面形式
  - 当事人未采用书面形式，无法确定租赁期限的，视为不定期租赁。对于不定期租赁，当事人可以随时解除合同，但应当在合理期限之前通知对方
- （2）租赁期限的上限 — 20 年，超过 20 年部分无效
- （3）租金的支付
  - ①约定→协议补充→有关条款 / 交易习惯
  - ②仍不能确定
    - a. 租赁期间＜ 1 年：租赁期间届满时支付
    - b. 租赁期间≥ 1 年：应当在每届满 1 年时支付
    - c. 剩余期间＜ 1 年：应当在租赁期间届满时支付
- （4）出租物维修
  - ①维修义务承担 — 约定→出租人承担
  - ②维修义务履行
    - a. 出租人未履行维修义务的，承租人可以自行维修，维修费用由出租人负担
    - b. 因维修租赁物影响承租人使用的，应当相应减少租金或者延长租期
    - c. 因承租人的过错致使租赁物需要维修的，出租人不承担前款规定的维修义务
- （5）出租物装修
  - ①经出租人同意：可以对租赁物进行改善或者增设他物
  - ②未经出租人同意：对租赁物进行改善或者增设他物的，出租人可以请求承租人恢复原状或者赔偿损失
- （6）买卖不破租赁 — 租赁物在承租人按照租赁合同占有期限内发生所有权变动的，不影响租赁合同的效力
  - ①经出租人同意，可以将租赁物转租给第三人，第三人对租赁物造成损失的，承租人应当赔偿损失

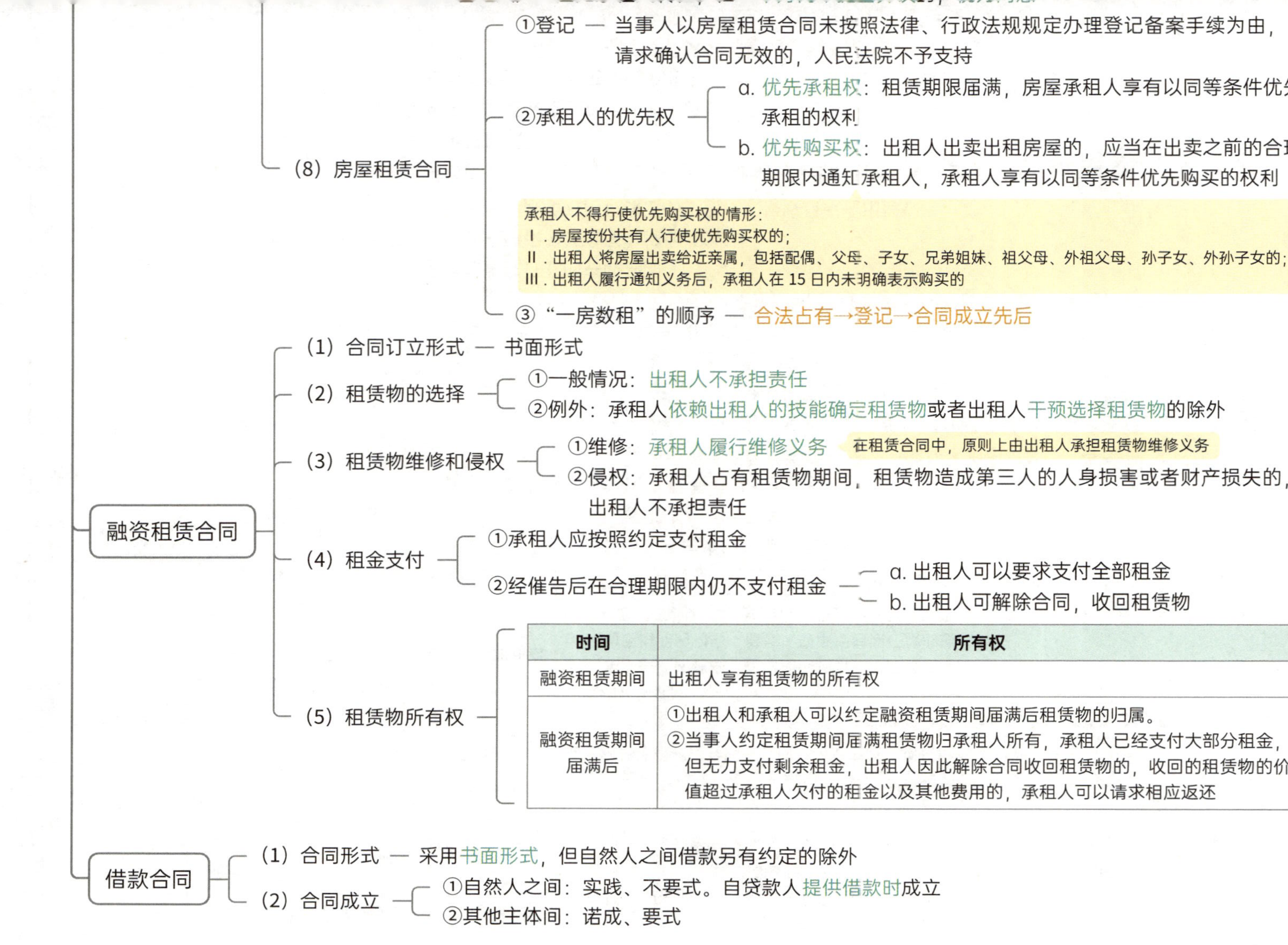

- (8) 房屋租赁合同
  - ①登记 — 当事人以房屋租赁合同未按照法律、行政法规规定办理登记备案手续为由，请求确认合同无效的，人民法院不予支持
  - ②承租人的优先权
    - a. 优先承租权：租赁期限届满，房屋承租人享有以同等条件优先承租的权利
    - b. 优先购买权：出租人出卖出租房屋的，应当在出卖之前的合理期限内通知承租人，承租人享有以同等条件优先购买的权利

  承租人不得行使优先购买权的情形：
  Ⅰ. 房屋按份共有人行使优先购买权的；
  Ⅱ. 出租人将房屋出卖给近亲属，包括配偶、父母、子女、兄弟姐妹、祖父母、外祖父母、孙子女、外孙子女的；
  Ⅲ. 出租人履行通知义务后，承租人在 15 日内未明确表示购买的

  - ③“一房数租”的顺序 — 合法占有→登记→合同成立先后

融资租赁合同

- (1) 合同订立形式 — 书面形式
- (2) 租赁物的选择
  - ①一般情况：出租人不承担责任
  - ②例外：承租人依赖出租人的技能确定租赁物或者出租人干预选择租赁物的除外
- (3) 租赁物维修和侵权
  - ①维修：承租人履行维修义务（在租赁合同中，原则上由出租人承担租赁物维修义务）
  - ②侵权：承租人占有租赁物期间，租赁物造成第三人的人身损害或者财产损失的，出租人不承担责任
- (4) 租金支付
  - ①承租人应按照约定支付租金
  - ②经催告后在合理期限内仍不支付租金
    - a. 出租人可以要求支付全部租金
    - b. 出租人可解除合同，收回租赁物
- (5) 租赁物所有权

时间	所有权
融资租赁期间	出租人享有租赁物的所有权
融资租赁期间届满后	①出租人和承租人可以约定融资租赁期间届满后租赁物的归属。 ②当事人约定租赁期间届满租赁物归承租人所有，承租人已经支付大部分租金，但无力支付剩余租金，出租人因此解除合同收回租赁物的，收回的租赁物的价值超过承租人欠付的租金以及其他费用的，承租人可以请求相应返还

借款合同

- (1) 合同形式 — 采用书面形式，但自然人之间借款另有约定的除外
- (2) 合同成立
  - ①自然人之间：实践、不要式。自贷款人提供借款时成立
  - ②其他主体间：诺成、要式

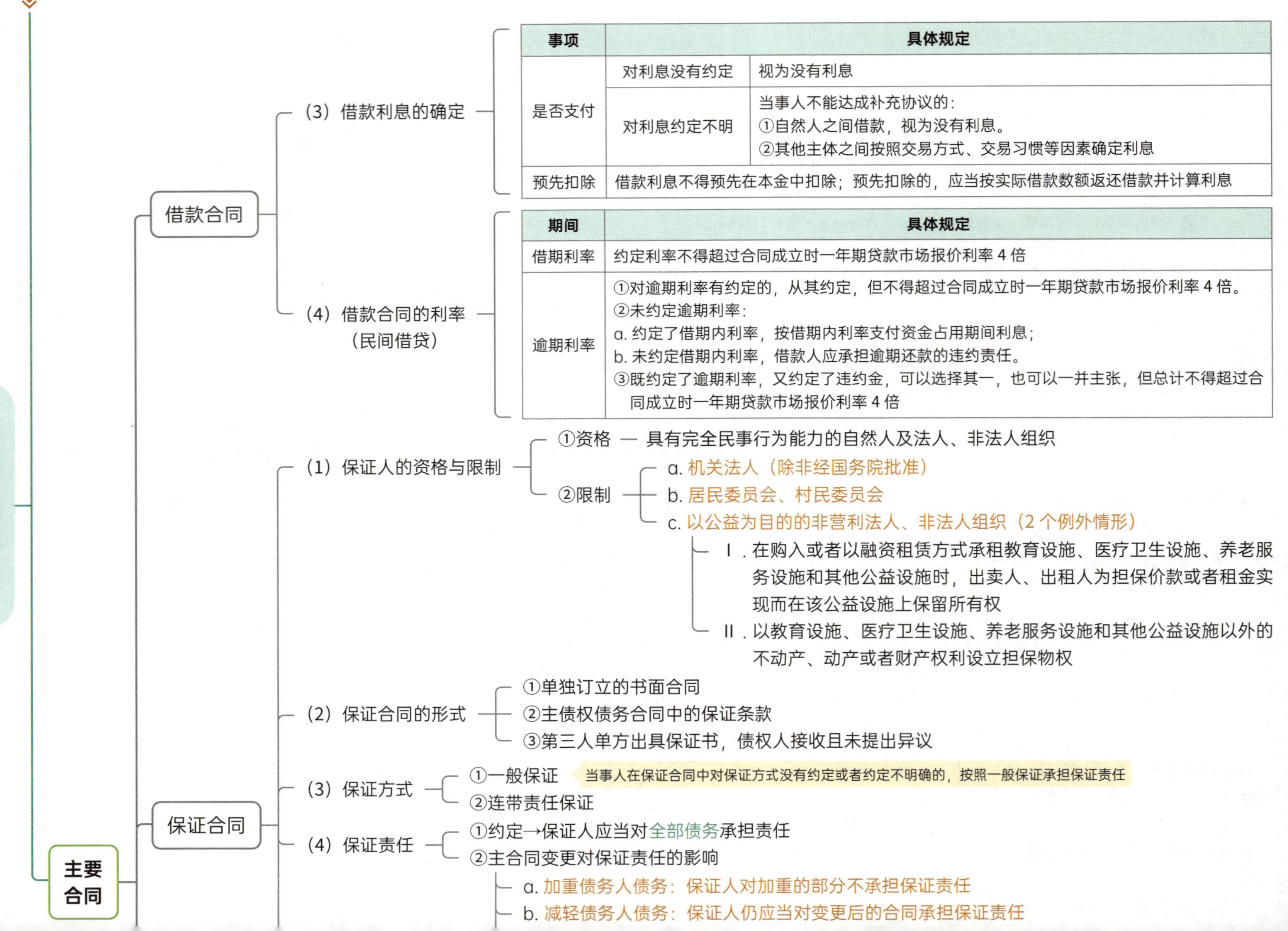

合同法律制度

主要合同

借款合同

(3) 借款利息的确定

事项		具体规定
是否支付	对利息没有约定	视为没有利息
	对利息约定不明	当事人不能达成补充协议的： ①自然人之间借款，视为没有利息。 ②其他主体之间按照交易方式、交易习惯等因素确定利息
预先扣除	借款利息不得预先在本金中扣除；预先扣除的，应当按实际借款数额返还借款并计算利息	

(4) 借款合同的利率（民间借贷）

期间	具体规定
借期利率	约定利率不得超过合同成立时一年期贷款市场报价利率 4 倍
逾期利率	①对逾期利率有约定的，从其约定，但不得超过合同成立时一年期贷款市场报价利率 4 倍。 ②未约定逾期利率： a. 约定了借期内利率，按借期内利率支付资金占用期间利息； b. 未约定借期内利率，借款人应承担逾期还款的违约责任。 ③既约定了逾期利率，又约定了违约金，可以选择其一，也可以一并主张，但总计不得超过合同成立时一年期贷款市场报价利率 4 倍

保证合同

(1) 保证人的资格与限制
- ①资格 — 具有完全民事行为能力的自然人及法人、非法人组织
- ②限制
  - a. 机关法人（除非经国务院批准）
  - b. 居民委员会、村民委员会
  - c. 以公益为目的的非营利法人、非法人组织（2 个例外情形）
    - Ⅰ. 在购入或者以融资租赁方式承租教育设施、医疗卫生设施、养老服务设施和其他公益设施时，出卖人、出租人为担保价款或者租金实现而在该公益设施上保留所有权
    - Ⅱ. 以教育设施、医疗卫生设施、养老服务设施和其他公益设施以外的不动产、动产或者财产权利设立担保物权

(2) 保证合同的形式
- ①单独订立的书面合同
- ②主债权债务合同中的保证条款
- ③第三人单方出具保证书，债权人接收且未提出异议

(3) 保证方式
- ①一般保证 当事人在保证合同中对保证方式没有约定或者约定不明确的，按照一般保证承担保证责任
- ②连带责任保证

(4) 保证责任
- ①约定→保证人应当对全部债务承担责任
- ②主合同变更对保证责任的影响
  - a. 加重债务人债务：保证人对加重的部分不承担保证责任
  - b. 减轻债务人债务：保证人仍应当对变更后的合同承担保证责任

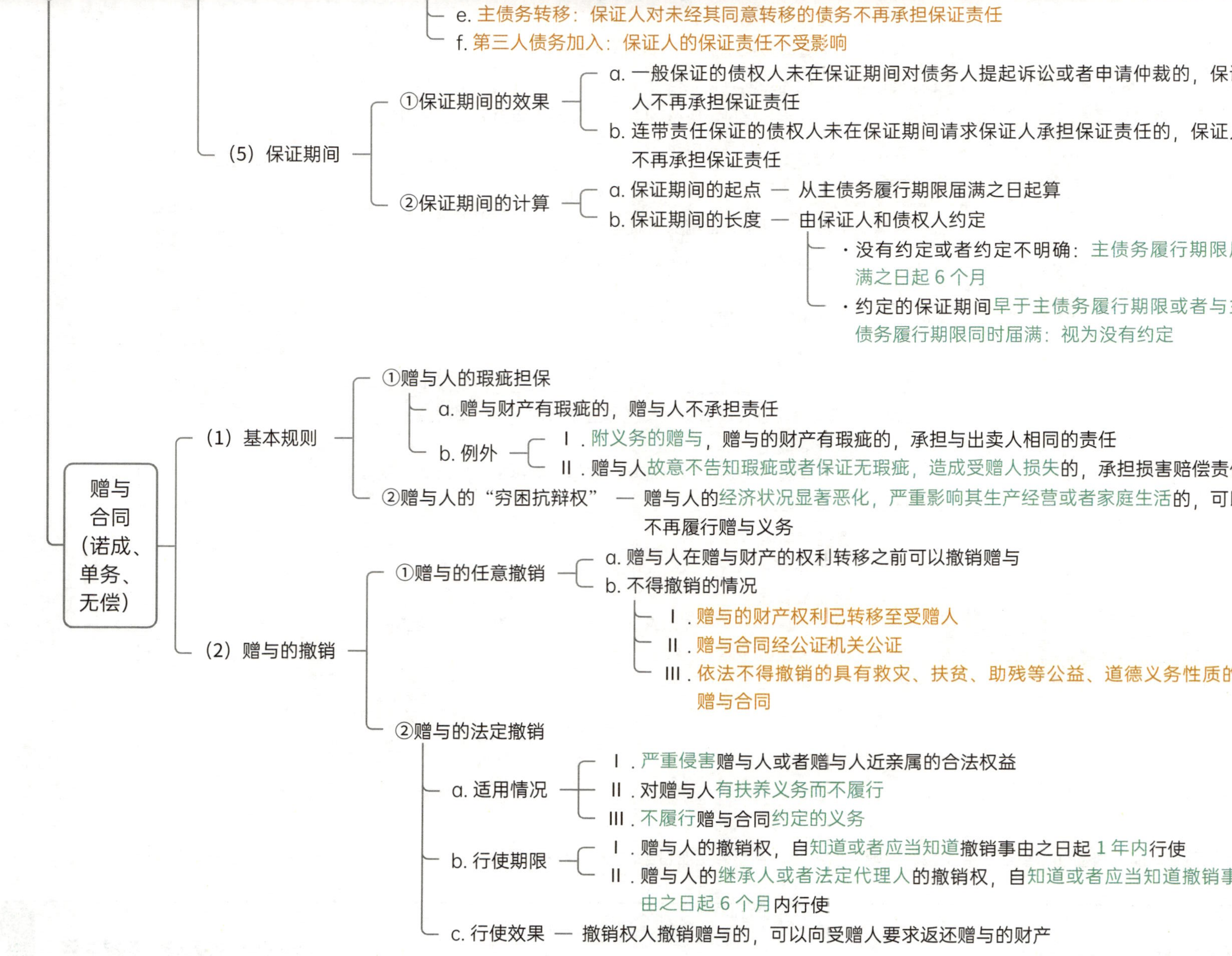
e. 主债务转移：保证人对未经其同意转移的债务不再承担保证责任
f. 第三人债务加入：保证人的保证责任不受影响
(5) 保证期间
①保证期间的效果
a. 一般保证的债权人未在保证期间对债务人提起诉讼或者申请仲裁的，保证人不再承担保证责任
b. 连带责任保证的债权人未在保证期间请求保证人承担保证责任的，保证人不再承担保证责任
②保证期间的计算
a. 保证期间的起点 — 从主债务履行期限届满之日起算
b. 保证期间的长度 — 由保证人和债权人约定
· 没有约定或者约定不明确：主债务履行期限届满之日起 6 个月
· 约定的保证期间早于主债务履行期限或者与主债务履行期限同时届满：视为没有约定
赠与合同（诺成、单务、无偿）
(1) 基本规则
①赠与人的瑕疵担保
a. 赠与财产有瑕疵的，赠与人不承担责任
b. 例外
Ⅰ. 附义务的赠与，赠与的财产有瑕疵的，承担与出卖人相同的责任
Ⅱ. 赠与人故意不告知瑕疵或者保证无瑕疵，造成受赠人损失的，承担损害赔偿责任
②赠与人的“穷困抗辩权” — 赠与人的经济状况显著恶化，严重影响其生产经营或者家庭生活的，可以不再履行赠与义务
(2) 赠与的撤销
①赠与的任意撤销
a. 赠与人在赠与财产的权利转移之前可以撤销赠与
b. 不得撤销的情况
Ⅰ. 赠与的财产权利已转移至受赠人
Ⅱ. 赠与合同经公证机关公证
Ⅲ. 依法不得撤销的具有救灾、扶贫、助残等公益、道德义务性质的赠与合同
②赠与的法定撤销
a. 适用情况
Ⅰ. 严重侵害赠与人或者赠与人近亲属的合法权益
Ⅱ. 对赠与人有扶养义务而不履行
Ⅲ. 不履行赠与合同约定的义务
b. 行使期限
Ⅰ. 赠与人的撤销权，自知道或者应当知道撤销事由之日起 1 年内行使
Ⅱ. 赠与人的继承人或者法定代理人的撤销权，自知道或者应当知道撤销事由之日起 6 个月内行使
c. 行使效果 — 撤销权人撤销赠与的，可以向受赠人要求返还赠与的财产

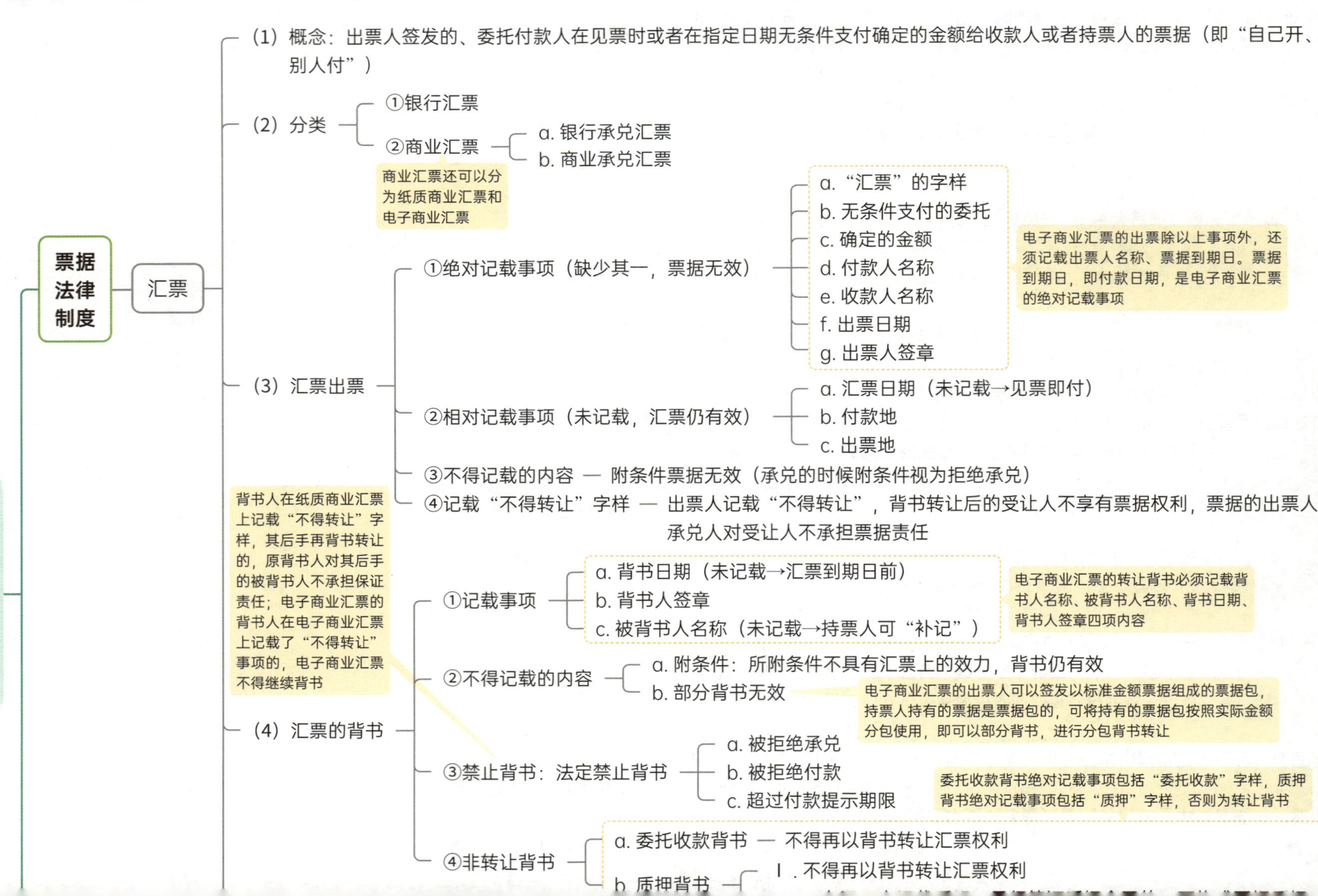

金融法律制度

票据法律制度

汇票

(1) 概念：出票人签发的、委托付款人在见票时或者在指定日期无条件支付确定的金额给收款人或者持票人的票据（即“自己开、别人付”）

(2) 分类
- ①银行汇票
- ②商业汇票
  - a. 银行承兑汇票
  - b. 商业承兑汇票

商业汇票还可以分为纸质商业汇票和电子商业汇票

(3) 汇票出票
- ①绝对记载事项（缺少其一，票据无效）
  - a. “汇票”的字样
  - b. 无条件支付的委托
  - c. 确定的金额
  - d. 付款人名称
  - e. 收款人名称
  - f. 出票日期
  - g. 出票人签章

电子商业汇票的出票除以上事项外，还须记载出票人名称、票据到期日。票据到期日，即付款日期，是电子商业汇票的绝对记载事项

- ②相对记载事项（未记载，汇票仍有效）
  - a. 汇票日期（未记载→见票即付）
  - b. 付款地
  - c. 出票地
- ③不得记载的内容 — 附条件票据无效（承兑的时候附条件视为拒绝承兑）
- ④记载“不得转让”字样 — 出票人记载“不得转让”，背书转让后的受让人不享有票据权利，票据的出票人、承兑人对受让人不承担票据责任

(4) 汇票的背书
- ①记载事项
  - a. 背书日期（未记载→汇票到期日前）
  - b. 背书人签章
  - c. 被背书人名称（未记载→持票人可“补记”）

电子商业汇票的转让背书必须记载背书人名称、被背书人名称、背书日期、背书人签章四项内容

- ②不得记载的内容
  - a. 附条件：所附条件不具有汇票上的效力，背书仍有效
  - b. 部分背书无效

电子商业汇票的出票人可以签发以标准金额票据组成的票据包，持票人持有的票据是票据包的，可将持有的票据包按照实际金额分包使用，即可以部分背书，进行分包背书转让

- ③禁止背书：法定禁止背书
  - a. 被拒绝承兑
  - b. 被拒绝付款
  - c. 超过付款提示期限

背书人在纸质商业汇票上记载“不得转让”字样，其后手再背书转让的，原背书人对其后手的被背书人不承担保证责任；电子商业汇票的背书人在电子商业汇票上记载了“不得转让”事项的，电子商业汇票不得继续背书

委托收款背书绝对记载事项包括“委托收款”字样，质押背书绝对记载事项包括“质押”字样，否则为转让背书

- ④非转让背书
  - a. 委托收款背书 — 不得再以背书转让汇票权利
  - b. 质押背书
    - Ⅰ. 不得再以背书转让汇票权利

- b. 付款人承兑不得附有条件，附有条件的，视同拒绝承兑

- (5) 汇票的承兑
  - ②效力
    - a. 承兑人于汇票到期日必须向持票人无条件地支付汇票上的金额，否则其必须承担延迟付款责任
    - b. 承兑人不得以其与出票人之间的资金关系来对抗持票人
  - ③步骤
    - a. 提示承兑
      - Ⅰ. 定日付款、出票后定期付款：汇票到期日前向付款人提示承兑
      - Ⅱ. 见票后定期付款：自出票日起 1 个月内向付款人提示承兑
      - Ⅲ. 见票即付：无须提示承兑
    - b. 承兑成立 — 收到提示承兑的汇票之日起 3 日内承兑或者拒绝承兑
  - ④电子商业汇票 — 交付收款人前，应由付款人承兑；承兑人应在票据到期日前承兑

- (6) 汇票的保证
  - ①效力
    - a. 保证责任：被保证的汇票，保证人应当与被保证人对持票人承担连带责任
    - b. 追索权：保证人清偿汇票债务后，可以行使持票人对被保证人及其前手的追索权
    - c. 共同保证：保证人为两人以上的，保证人之间承担连带责任
  - ②格式
    - a. 绝对记载事项
      - Ⅰ. 表明“保证”的字样
      - Ⅱ. 保证人签章
    - b. 相对记载事项
      - Ⅰ. 保证人住所
      - Ⅱ. 被保证人的名称
        - 未记载被保证人的名称的：
          - 已承兑的汇票，以承兑人为被保证人
          - 未承兑的汇票，以出票人为被保证人
      - Ⅲ. 保证日期 — 未记载保证日期的→出票日期
    - c. 保证不得附有条件，附有条件的，不影响对汇票的保证责任
    - d. 电子商业汇票的保证必须通过电子商业汇票系统办理，并记载以上 5 项记载内容和保证人名称
    - e. 电子商业汇票因行使与保全票据权利必须通过电子商业汇票系统办理，不受营业场所与营业时间的限制 新

- (7) 汇票的付款
  - ①期限
    - a. 见票即付的汇票：自出票日起 1 个月内向付款人提示付款
    - b. 定日付款、出票后定期付款或者见票后定期付款的汇票：自到期日起 10 日内向承兑人提示付款
  - ②超期提示付款的后果 — 汇票的持票人在作出说明后，承兑人或者付款人仍应当继续对持票人承担付款责任

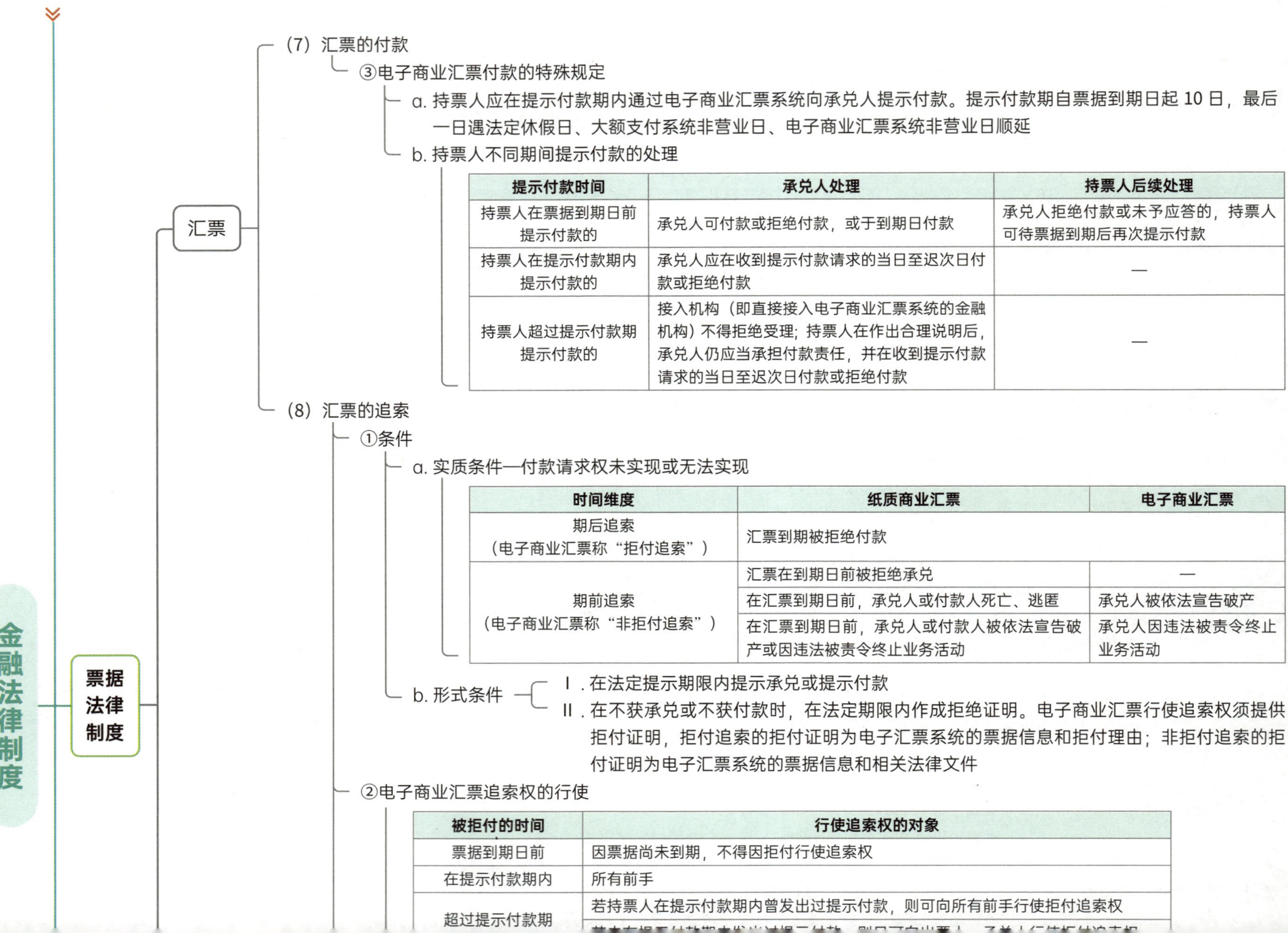

票据法律制度

汇票

(7) 汇票的付款

③电子商业汇票付款的特殊规定

a. 持票人应在提示付款期内通过电子商业汇票系统向承兑人提示付款。提示付款期自票据到期日起 10 日，最后一日遇法定休假日、大额支付系统非营业日、电子商业汇票系统非营业日顺延

b. 持票人不同期间提示付款的处理

提示付款时间	承兑人处理	持票人后续处理
持票人在票据到期日前提示付款的	承兑人可付款或拒绝付款，或于到期日付款	承兑人拒绝付款或未予应答的，持票人可待票据到期后再次提示付款
持票人在提示付款期内提示付款的	承兑人应在收到提示付款请求的当日至迟次日付款或拒绝付款	—
持票人超过提示付款期提示付款的	接入机构（即直接接入电子商业汇票系统的金融机构）不得拒绝受理；持票人在作出合理说明后，承兑人仍应当承担付款责任，并在收到提示付款请求的当日至迟次日付款或拒绝付款	—

(8) 汇票的追索

①条件

a. 实质条件—付款请求权未实现或无法实现

时间维度	纸质商业汇票	电子商业汇票
期后追索（电子商业汇票称“拒付追索”）	汇票到期被拒绝付款	
期前追索（电子商业汇票称“非拒付追索”）	汇票在到期日前被拒绝承兑	—
	在汇票到期日前，承兑人或付款人死亡、逃匿	承兑人被依法宣告破产
	在汇票到期日前，承兑人或付款人被依法宣告破产或因违法被责令终止业务活动	承兑人因违法被责令终止业务活动

b. 形式条件

Ⅰ. 在法定提示期限内提示承兑或提示付款

Ⅱ. 在不获承兑或不获付款时，在法定期限内作成拒绝证明。电子商业汇票行使追索权须提供拒付证明，拒付追索的拒付证明为电子汇票系统的票据信息和拒付理由；非拒付追索的拒付证明为电子汇票系统的票据信息和相关法律文件

②电子商业汇票追索权的行使

被拒付的时间	行使追索权的对象
票据到期日前	因票据尚未到期，不得因拒付行使追索权
在提示付款期内	所有前手
超过提示付款期	若持票人在提示付款期内曾发出过提示付款，则可向所有前手行使拒付追索权

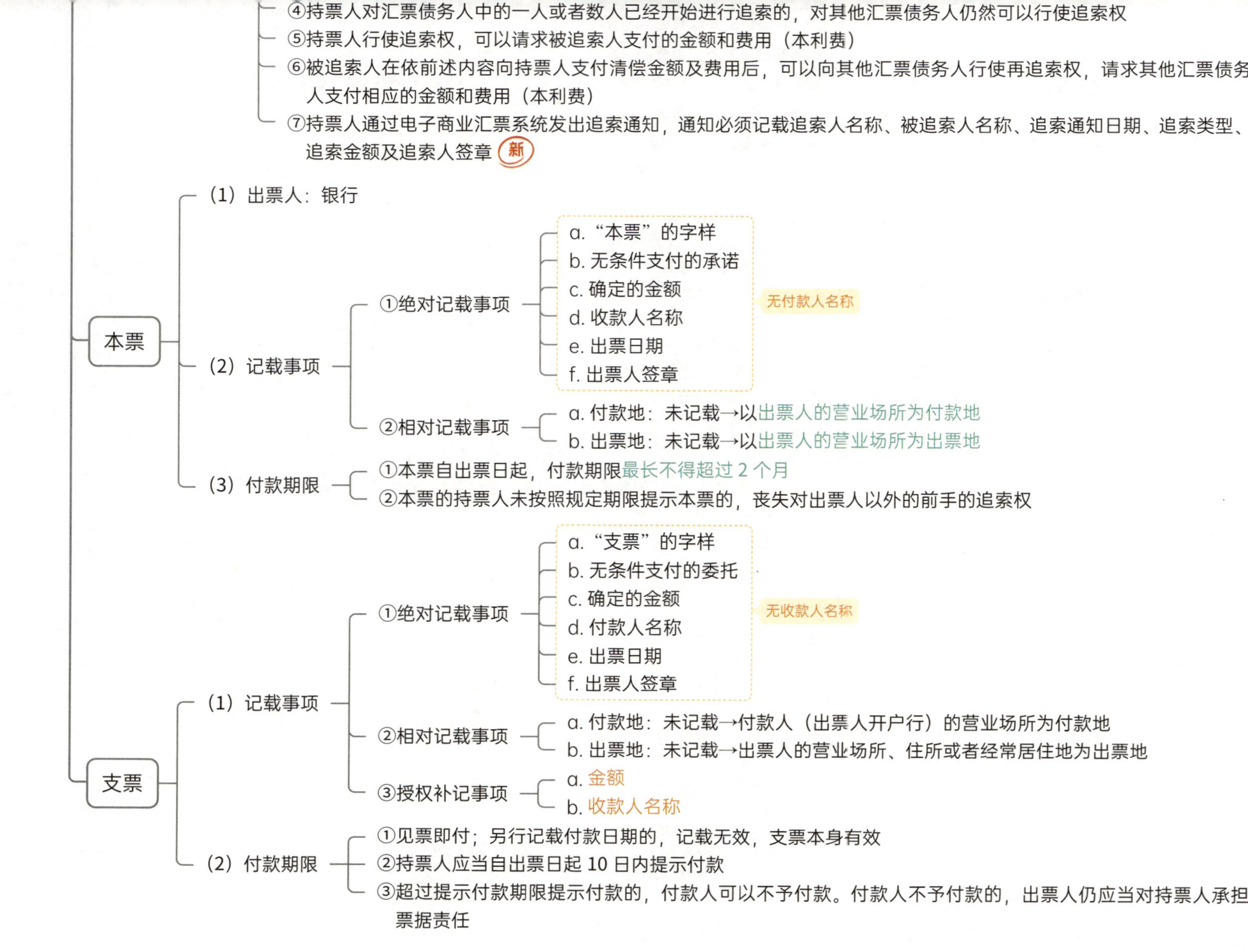

④持票人对汇票债务人中的一人或者数人已经开始进行追索的，对其他汇票债务人仍然可以行使追索权
⑤持票人行使追索权，可以请求被追索人支付的金额和费用（本利费）
⑥被追索人在依前述内容向持票人支付清偿金额及费用后，可以向其他汇票债务人行使再追索权，请求其他汇票债务人支付相应的金额和费用（本利费）
⑦持票人通过电子商业汇票系统发出追索通知，通知必须记载追索人名称、被追索人名称、追索通知日期、追索类型、追索金额及追索人签章 新
本票
（1）出票人：银行
（2）记载事项
①绝对记载事项
a. “本票”的字样
b. 无条件支付的承诺
c. 确定的金额
d. 收款人名称
e. 出票日期
f. 出票人签章
无付款人名称
②相对记载事项
a. 付款地：未记载→以出票人的营业场所为付款地
b. 出票地：未记载→以出票人的营业场所为出票地
（3）付款期限
①本票自出票日起，付款期限最长不得超过 2 个月
②本票的持票人未按照规定期限提示本票的，丧失对出票人以外的前手的追索权
支票
（1）记载事项
①绝对记载事项
a. “支票”的字样
b. 无条件支付的委托
c. 确定的金额
d. 付款人名称
e. 出票日期
f. 出票人签章
无收款人名称
②相对记载事项
a. 付款地：未记载→付款人（出票人开户行）的营业场所为付款地
b. 出票地：未记载→出票人的营业场所、住所或者经常居住地为出票地
③授权补记事项
a. 金额
b. 收款人名称
（2）付款期限
①见票即付；另行记载付款日期的，记载无效，支票本身有效
②持票人应当自出票日起 10 日内提示付款
③超过提示付款期限提示付款的，付款人可以不予付款。付款人不予付款的，出票人仍应当对持票人承担票据责任

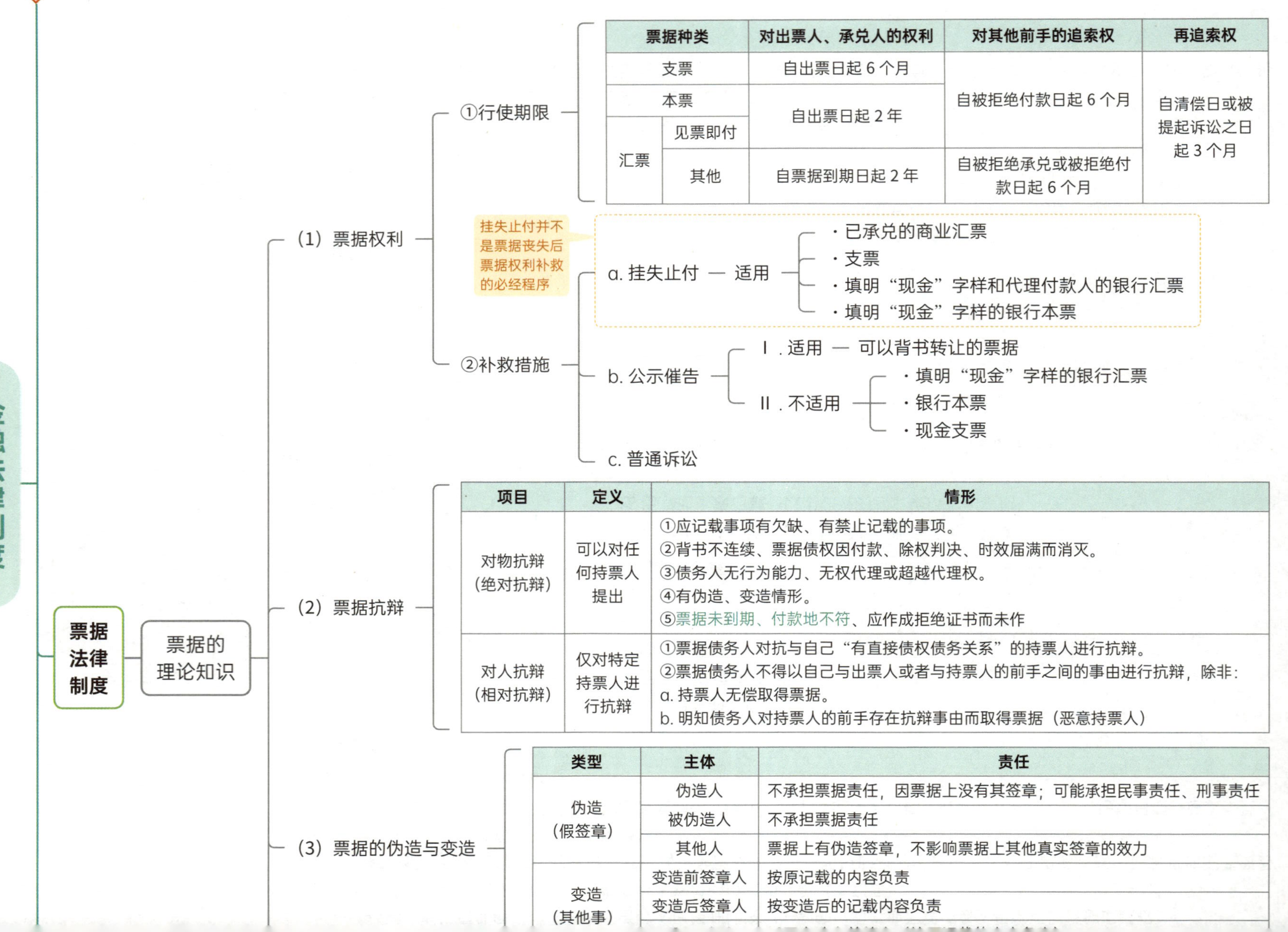

金融法律制度

票据法律制度

票据的理论知识

（1）票据权利

①行使期限

票据种类		对出票人、承兑人的权利	对其他前手的追索权	再追索权
支票		自出票日起 6 个月	自被拒绝付款日起 6 个月	自清偿日或被提起诉讼之日起 3 个月
本票		自出票日起 2 年		
汇票	见票即付			
	其他	自票据到期日起 2 年	自被拒绝承兑或被拒绝付款日起 6 个月	

②补救措施

挂失止付并不是票据丧失后票据权利补救的必经程序

a. 挂失止付 — 适用
- 已承兑的商业汇票
- 支票
- 填明“现金”字样和代理付款人的银行汇票
- 填明“现金”字样的银行本票

b. 公示催告
- Ⅰ. 适用 — 可以背书转让的票据
- Ⅱ. 不适用
  - 填明“现金”字样的银行汇票
  - 银行本票
  - 现金支票

c. 普通诉讼

（2）票据抗辩

项目	定义	情形
对物抗辩（绝对抗辩）	可以对任何持票人提出	①应记载事项有欠缺、有禁止记载的事项。 ②背书不连续、票据债权因付款、除权判决、时效届满而消灭。 ③债务人无行为能力、无权代理或超越代理权。 ④有伪造、变造情形。 ⑤票据未到期、付款地不符、应作成拒绝证书而未作
对人抗辩（相对抗辩）	仅对特定持票人进行抗辩	①票据债务人对抗与自己“有直接债权债务关系”的持票人进行抗辩。 ②票据债务人不得以自己与出票人或者与持票人的前手之间的事由进行抗辩，除非： a. 持票人无偿取得票据。 b. 明知债务人对持票人的前手存在抗辩事由而取得票据（恶意持票人）

（3）票据的伪造与变造

类型	主体	责任
伪造（假签章）	伪造人	不承担票据责任，因票据上没有其签章；可能承担民事责任、刑事责任
	被伪造人	不承担票据责任
	其他人	票据上有伪造签章，不影响票据上其他真实签章的效力
变造（其他事）	变造前签章人	按原记载的内容负责
	变造后签章人	按变造后的记载内容负责

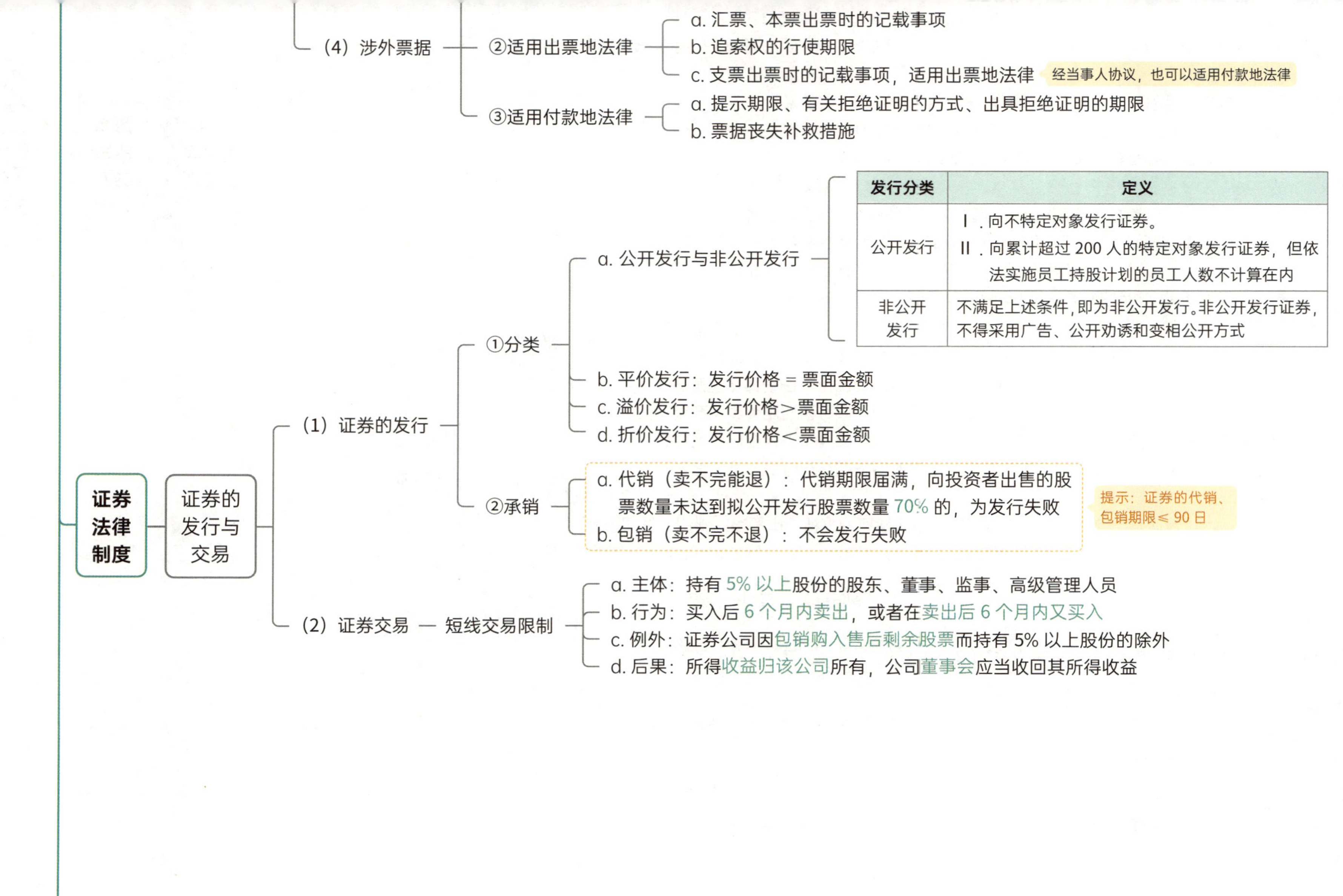

- (4) 涉外票据
  - ②适用出票地法律
    - a. 汇票、本票出票时的记载事项
    - b. 追索权的行使期限
    - c. 支票出票时的记载事项，适用出票地法律（经当事人协议，也可以适用付款地法律）
  - ③适用付款地法律
    - a. 提示期限、有关拒绝证明的方式、出具拒绝证明的期限
    - b. 票据丧失补救措施

证券法律制度 — 证券的发行与交易

- (1) 证券的发行
  - ①分类
    - a. 公开发行与非公开发行

发行分类	定义
公开发行	Ⅰ. 向不特定对象发行证券。 Ⅱ. 向累计超过 200 人的特定对象发行证券，但依法实施员工持股计划的员工人数不计算在内
非公开发行	不满足上述条件，即为非公开发行。非公开发行证券，不得采用广告、公开劝诱和变相公开方式

    - b. 平价发行：发行价格 = 票面金额
    - c. 溢价发行：发行价格＞票面金额
    - d. 折价发行：发行价格＜票面金额
  - ②承销
    - a. 代销（卖不完能退）：代销期限届满，向投资者出售的股票数量未达到拟公开发行股票数量 70% 的，为发行失败
    - b. 包销（卖不完不退）：不会发行失败
    - 提示：证券的代销、包销期限≤ 90 日
- (2) 证券交易 — 短线交易限制
  - a. 主体：持有 5% 以上股份的股东、董事、监事、高级管理人员
  - b. 行为：买入后 6 个月内卖出，或者在卖出后 6 个月内又买入
  - c. 例外：证券公司因包销购入售后剩余股票而持有 5% 以上股份的除外
  - d. 后果：所得收益归该公司所有，公司董事会应当收回其所得收益

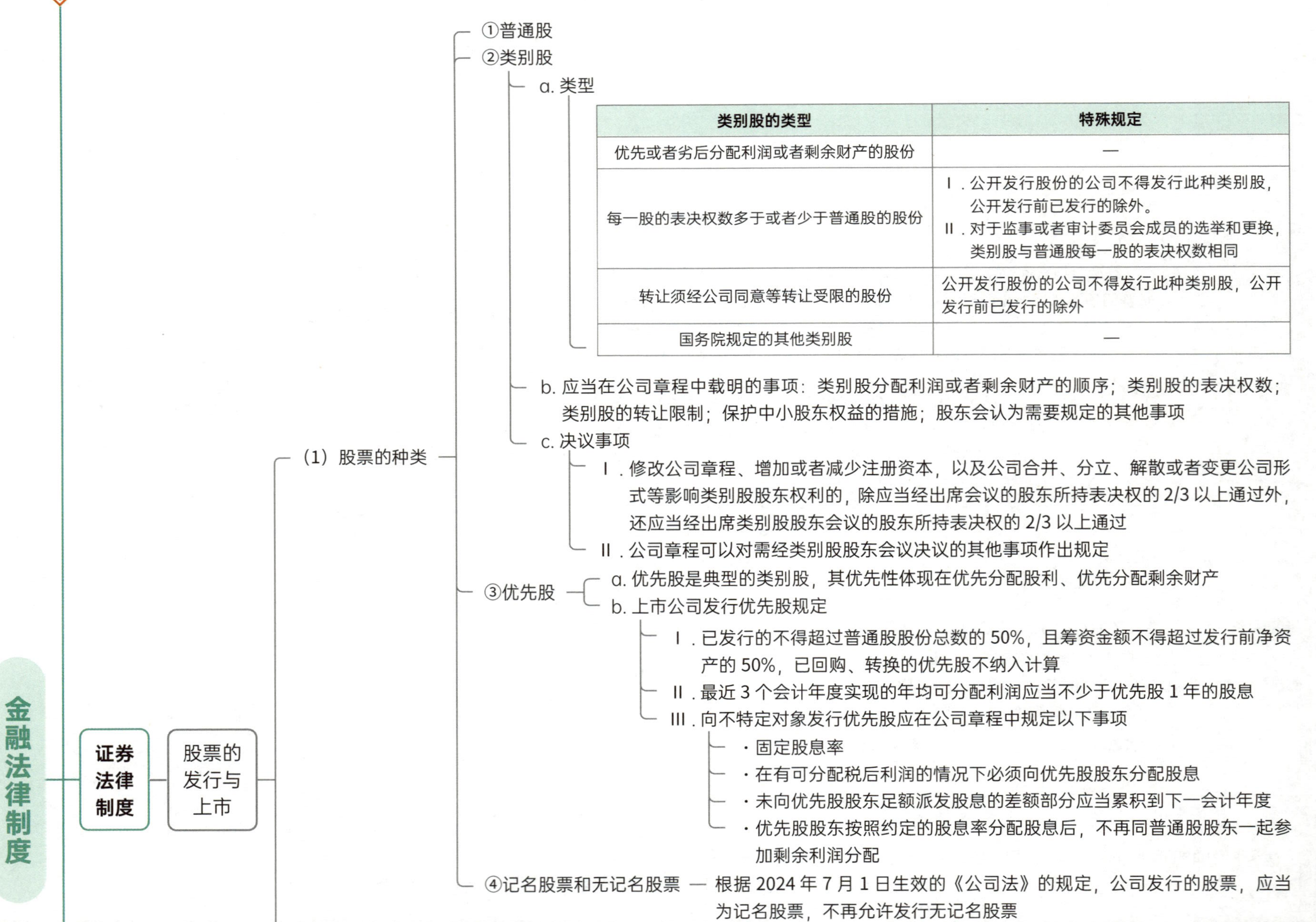

金融法律制度

证券法律制度

股票的发行与上市

(1) 股票的种类

①普通股

②类别股

a. 类型

类别股的类型	特殊规定
优先或者劣后分配利润或者剩余财产的股份	—
每一股的表决权数多于或者少于普通股的股份	Ⅰ. 公开发行股份的公司不得发行此种类别股，公开发行前已发行的除外。 Ⅱ. 对于监事或者审计委员会成员的选举和更换，类别股与普通股每一股的表决权数相同
转让须经公司同意等转让受限的股份	公开发行股份的公司不得发行此种类别股，公开发行前已发行的除外
国务院规定的其他类别股	—

b. 应当在公司章程中载明的事项：类别股分配利润或者剩余财产的顺序；类别股的表决权数；类别股的转让限制；保护中小股东权益的措施；股东会认为需要规定的其他事项

c. 决议事项

Ⅰ. 修改公司章程、增加或者减少注册资本，以及公司合并、分立、解散或者变更公司形式等影响类别股股东权利的，除应当经出席会议的股东所持表决权的 2/3 以上通过外，还应当经出席类别股股东会议的股东所持表决权的 2/3 以上通过

Ⅱ. 公司章程可以对需经类别股股东会议决议的其他事项作出规定

③优先股

a. 优先股是典型的类别股，其优先性体现在优先分配股利、优先分配剩余财产

b. 上市公司发行优先股规定

Ⅰ. 已发行的不得超过普通股股份总数的 50%，且筹资金额不得超过发行前净资产的 50%，已回购、转换的优先股不纳入计算

Ⅱ. 最近 3 个会计年度实现的年均可分配利润应当不少于优先股 1 年的股息

Ⅲ. 向不特定对象发行优先股应在公司章程中规定以下事项

- 固定股息率
- 在有可分配税后利润的情况下必须向优先股股东分配股息
- 未向优先股股东足额派发股息的差额部分应当累积到下一会计年度
- 优先股股东按照约定的股息率分配股息后，不再同普通股股东一起参加剩余利润分配

④记名股票和无记名股票 — 根据 2024 年 7 月 1 日生效的《公司法》的规定，公司发行的股票，应当为记名股票，不再允许发行无记名股票

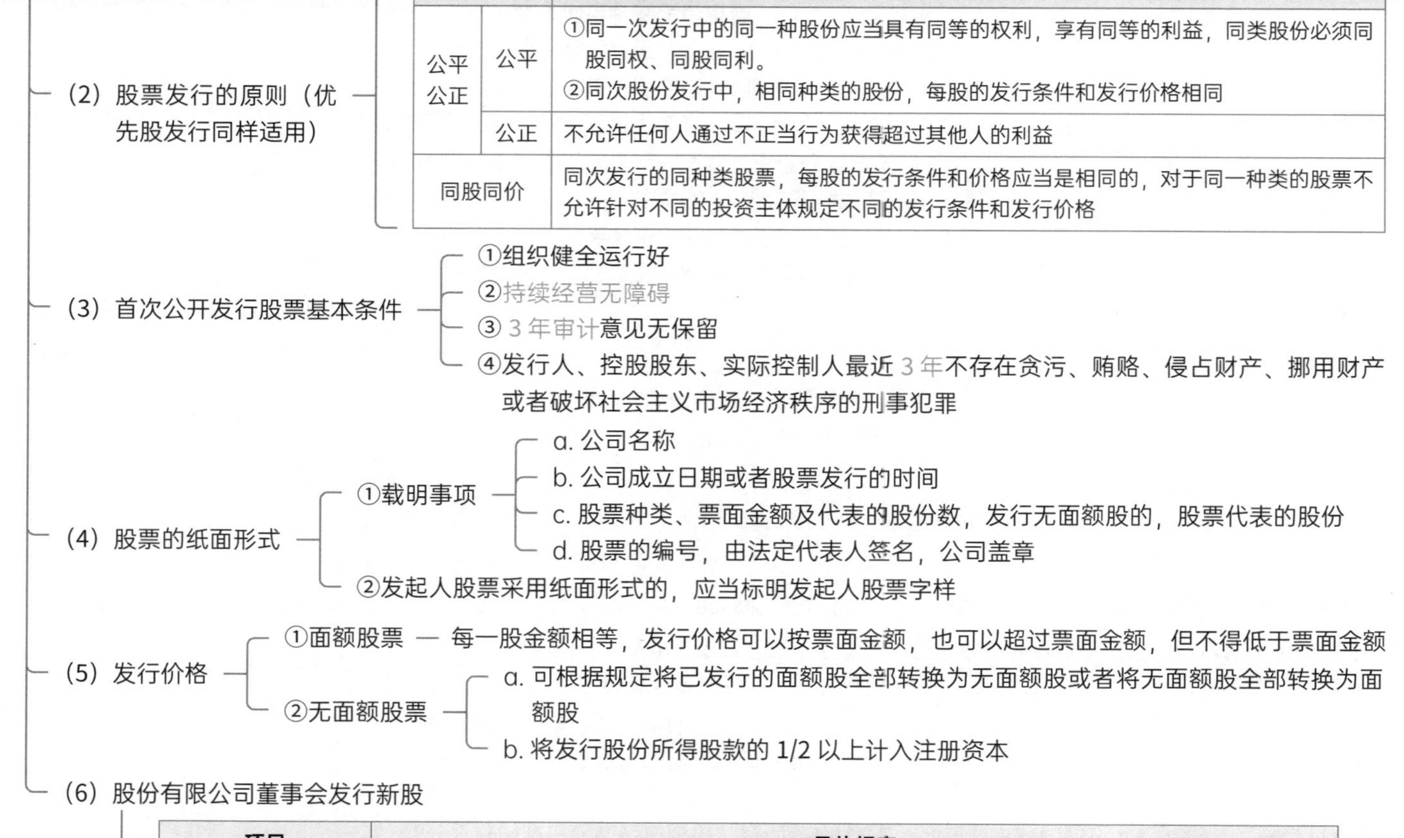

(2) 股票发行的原则（优先股发行同样适用）

公平公正	公平	①同一次发行中的同一种股份应当具有同等的权利，享有同等的利益，同类股份必须同股同权、同股同利。 ②同次股份发行中，相同种类的股份，每股的发行条件和发行价格相同
	公正	不允许任何人通过不正当行为获得超过其他人的利益
同股同价		同次发行的同种类股票，每股的发行条件和价格应当是相同的，对于同一种类的股票不允许针对不同的投资主体规定不同的发行条件和发行价格

(3) 首次公开发行股票基本条件

- ①组织健全运行好
- ②持续经营无障碍
- ③ 3 年审计意见无保留
- ④发行人、控股股东、实际控制人最近 3 年不存在贪污、贿赂、侵占财产、挪用财产或者破坏社会主义市场经济秩序的刑事犯罪

(4) 股票的纸面形式

- ①载明事项
  - a. 公司名称
  - b. 公司成立日期或者股票发行的时间
  - c. 股票种类、票面金额及代表的股份数，发行无面额股的，股票代表的股份
  - d. 股票的编号，由法定代表人签名，公司盖章
- ②发起人股票采用纸面形式的，应当标明发起人股票字样

(5) 发行价格

- ①面额股票 — 每一股金额相等，发行价格可以按票面金额，也可以超过票面金额，但不得低于票面金额
- ②无面额股票
  - a. 可根据规定将已发行的面额股全部转换为无面额股或者将无面额股全部转换为面额股
  - b. 将发行股份所得股款的 1/2 以上计入注册资本

(6) 股份有限公司董事会发行新股

项目	具体规定
数量、出资限制	公司章程或者股东会可以授权董事会在 3 年内决定发行不超过已发行股份 50% 的股份，以非货币财产作价出资的应当经股东会决议
通过标准	公司章程或者股东会授权董事会决定发行新股的，董事会决议应当经全体董事 2/3 以上通过
章程修改	董事会依照上述规定决定发行股份导致公司注册资本、已发行股份数发生变化的，对公司章程该项记载事项的修改不需再由股东会表决

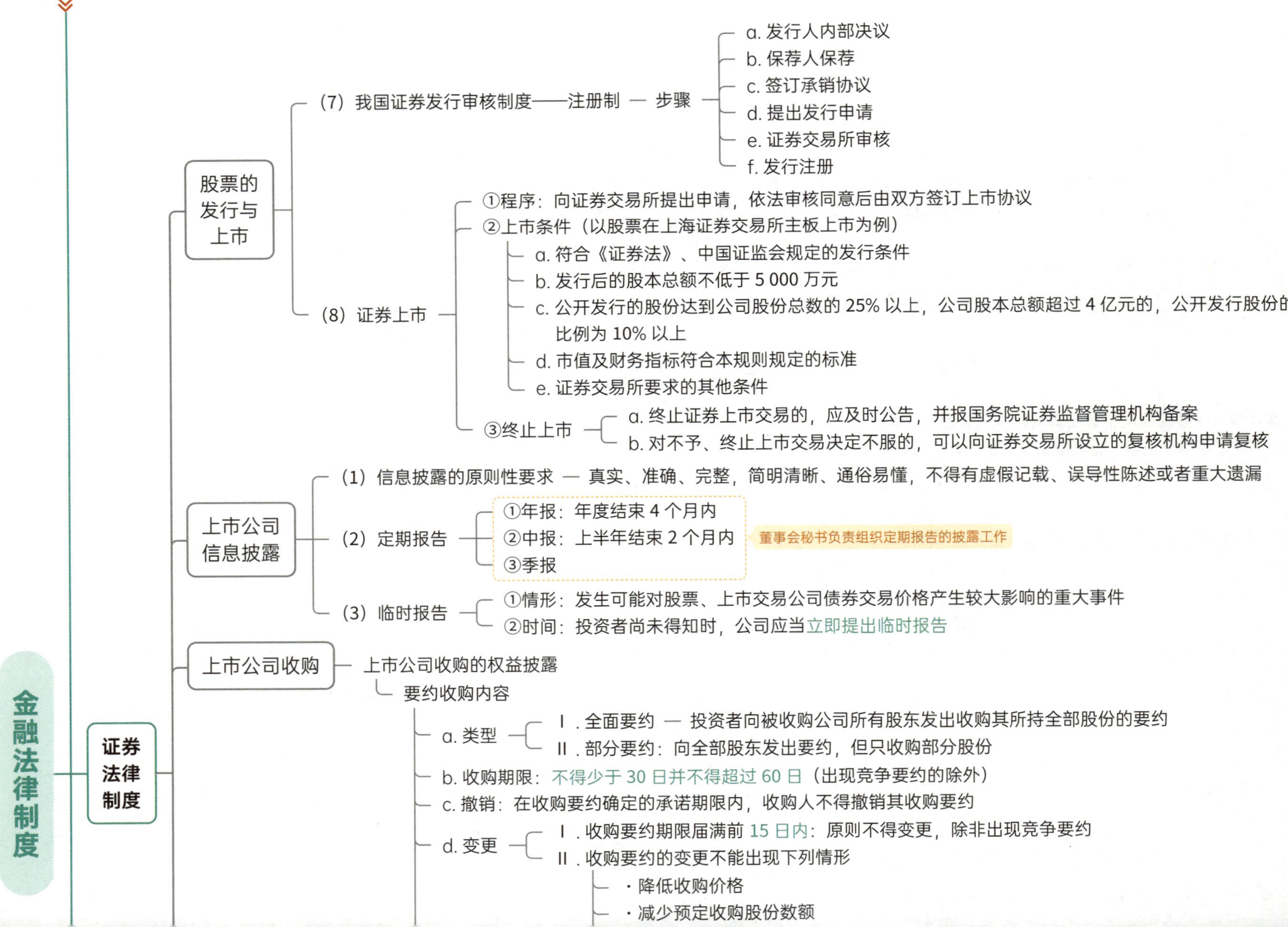

金融法律制度
证券法律制度
股票的发行与上市
(7) 我国证券发行审核制度——注册制 — 步骤
a. 发行人内部决议
b. 保荐人保荐
c. 签订承销协议
d. 提出发行申请
e. 证券交易所审核
f. 发行注册
(8) 证券上市
①程序：向证券交易所提出申请，依法审核同意后由双方签订上市协议
②上市条件（以股票在上海证券交易所主板上市为例）
a. 符合《证券法》、中国证监会规定的发行条件
b. 发行后的股本总额不低于 5 000 万元
c. 公开发行的股份达到公司股份总数的 25% 以上，公司股本总额超过 4 亿元的，公开发行股份的比例为 10% 以上
d. 市值及财务指标符合本规则规定的标准
e. 证券交易所要求的其他条件
③终止上市
a. 终止证券上市交易的，应及时公告，并报国务院证券监督管理机构备案
b. 对不予、终止上市交易决定不服的，可以向证券交易所设立的复核机构申请复核
上市公司信息披露
(1) 信息披露的原则性要求 — 真实、准确、完整，简明清晰、通俗易懂，不得有虚假记载、误导性陈述或者重大遗漏
(2) 定期报告
①年报：年度结束 4 个月内
②中报：上半年结束 2 个月内
③季报
董事会秘书负责组织定期报告的披露工作
(3) 临时报告
①情形：发生可能对股票、上市交易公司债券交易价格产生较大影响的重大事件
②时间：投资者尚未得知时，公司应当立即提出临时报告
上市公司收购
上市公司收购的权益披露
要约收购内容
a. 类型
Ⅰ. 全面要约 — 投资者向被收购公司所有股东发出收购其所持全部股份的要约
Ⅱ. 部分要约：向全部股东发出要约，但只收购部分股份
b. 收购期限：不得少于 30 日并不得超过 60 日（出现竞争要约的除外）
c. 撤销：在收购要约确定的承诺期限内，收购人不得撤销其收购要约
d. 变更
Ⅰ. 收购要约期限届满前 15 日内：原则不得变更，除非出现竞争要约
Ⅱ. 收购要约的变更不能出现下列情形
· 降低收购价格
· 减少预定收购股份数额

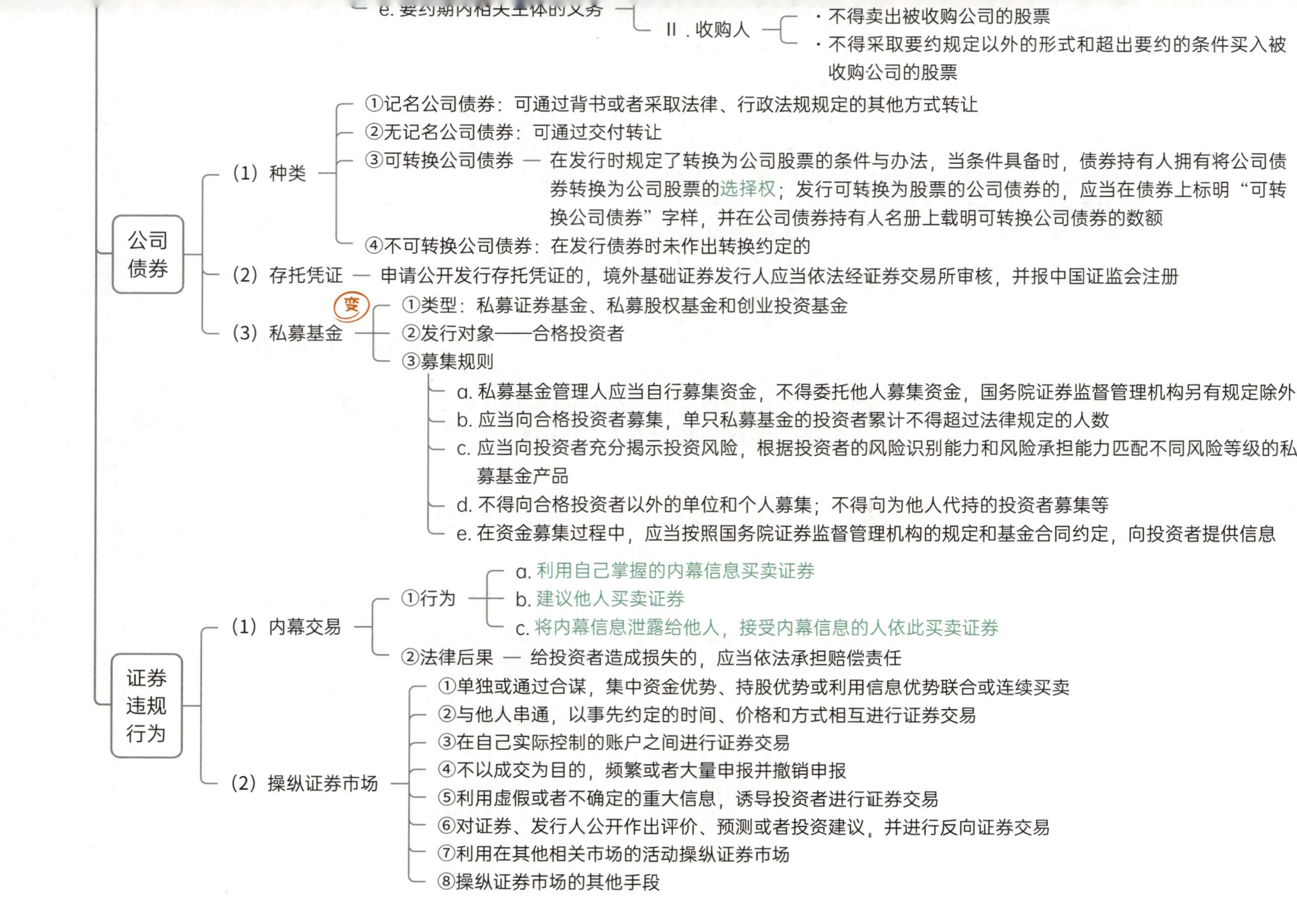

e. 要约期内相关主体的义务 — II. 收购人
- 不得卖出被收购公司的股票
- 不得采取要约规定以外的形式和超出要约的条件买入被收购公司的股票

公司债券

(1) 种类
- ①记名公司债券：可通过背书或者采取法律、行政法规规定的其他方式转让
- ②无记名公司债券：可通过交付转让
- ③可转换公司债券 — 在发行时规定了转换为公司股票的条件与办法，当条件具备时，债券持有人拥有将公司债券转换为公司股票的选择权；发行可转换为股票的公司债券的，应当在债券上标明“可转换公司债券”字样，并在公司债券持有人名册上载明可转换公司债券的数额
- ④不可转换公司债券：在发行债券时未作出转换约定的

(2) 存托凭证 — 申请公开发行存托凭证的，境外基础证券发行人应当依法经证券交易所审核，并报中国证监会注册

(3) 私募基金（变）
- ①类型：私募证券基金、私募股权基金和创业投资基金
- ②发行对象——合格投资者
- ③募集规则
  - a. 私募基金管理人应当自行募集资金，不得委托他人募集资金，国务院证券监督管理机构另有规定除外
  - b. 应当向合格投资者募集，单只私募基金的投资者累计不得超过法律规定的人数
  - c. 应当向投资者充分揭示投资风险，根据投资者的风险识别能力和风险承担能力匹配不同风险等级的私募基金产品
  - d. 不得向合格投资者以外的单位和个人募集；不得向为他人代持的投资者募集等
  - e. 在资金募集过程中，应当按照国务院证券监督管理机构的规定和基金合同约定，向投资者提供信息

证券违规行为

(1) 内幕交易
- ①行为
  - a. 利用自己掌握的内幕信息买卖证券
  - b. 建议他人买卖证券
  - c. 将内幕信息泄露给他人，接受内幕信息的人依此买卖证券
- ②法律后果 — 给投资者造成损失的，应当依法承担赔偿责任

(2) 操纵证券市场
- ①单独或通过合谋，集中资金优势、持股优势或利用信息优势联合或连续买卖
- ②与他人串通，以事先约定的时间、价格和方式相互进行证券交易
- ③在自己实际控制的账户之间进行证券交易
- ④不以成交为目的，频繁或者大量申报并撤销申报
- ⑤利用虚假或者不确定的重大信息，诱导投资者进行证券交易
- ⑥对证券、发行人公开作出评价、预测或者投资建议，并进行反向证券交易
- ⑦利用在其他相关市场的活动操纵证券市场
- ⑧操纵证券市场的其他手段

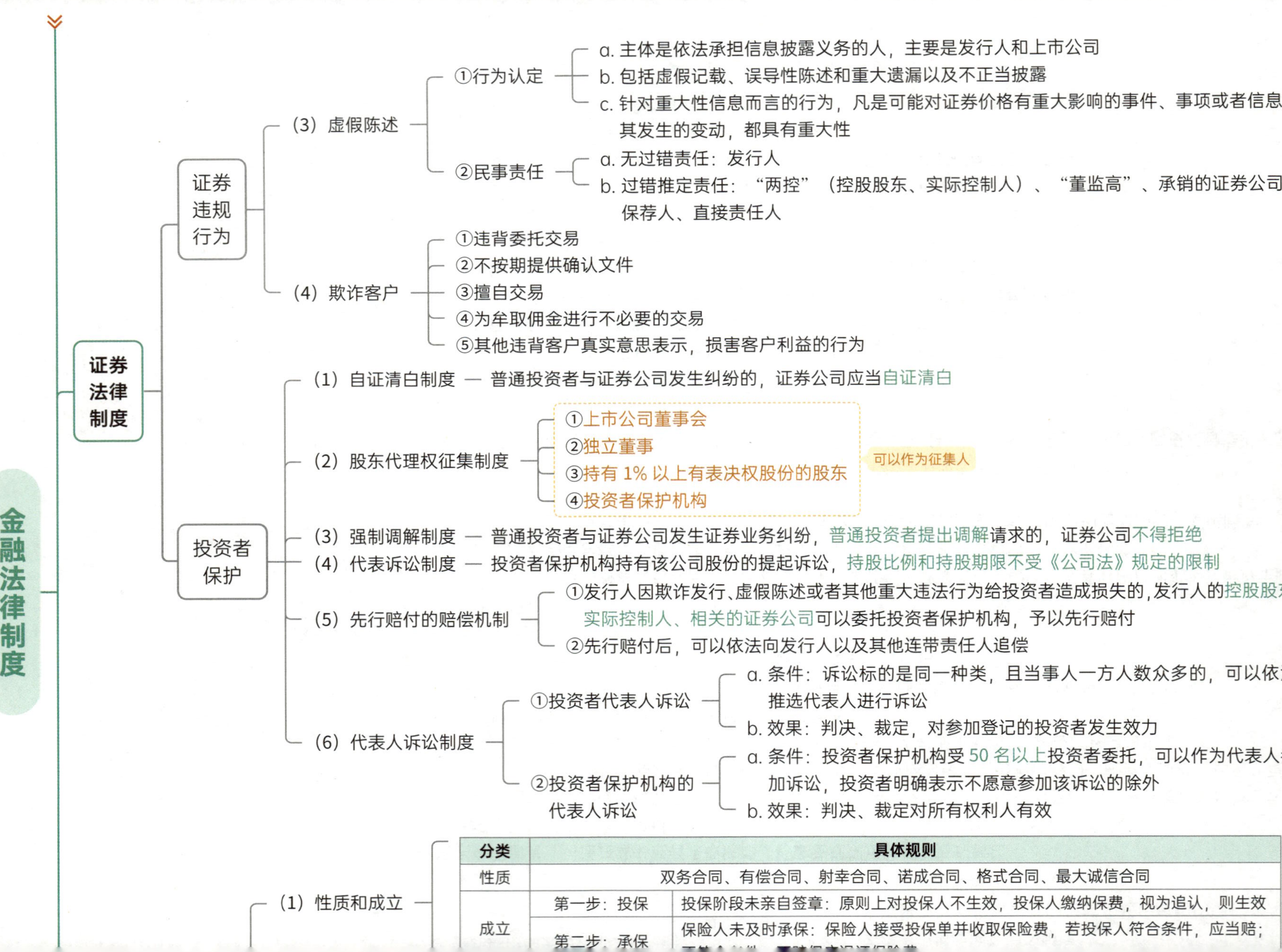

分类		具体规则
性质		双务合同、有偿合同、射幸合同、诺成合同、格式合同、最大诚信合同
成立	第一步：投保	投保阶段未亲自签章：原则上对投保人不生效，投保人缴纳保费，视为追认，则生效
	第二步：承保	保险人未及时承保：保险人接受投保单并收取保险费，若投保人符合条件，应当赔；

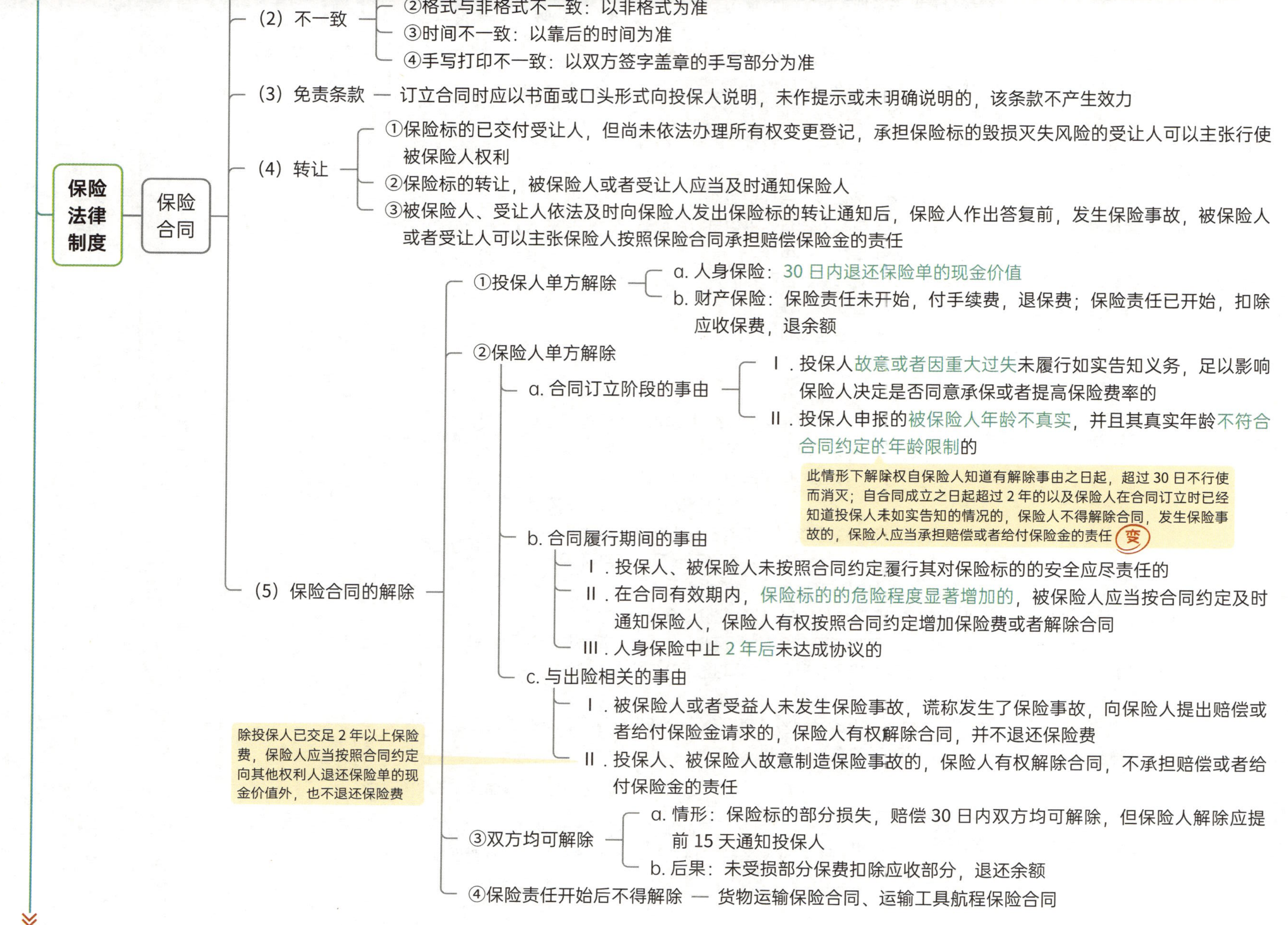
保险法律制度
保险合同
（2）不一致
②格式与非格式不一致：以非格式为准
③时间不一致：以靠后的时间为准
④手写打印不一致：以双方签字盖章的手写部分为准
（3）免责条款 — 订立合同时应以书面或口头形式向投保人说明，未作提示或未明确说明的，该条款不产生效力
（4）转让
①保险标的已交付受让人，但尚未依法办理所有权变更登记，承担保险标的毁损灭失风险的受让人可以主张行使被保险人权利
②保险标的转让，被保险人或者受让人应当及时通知保险人
③被保险人、受让人依法及时向保险人发出保险标的转让通知后，保险人作出答复前，发生保险事故，被保险人或者受让人可以主张保险人按照保险合同承担赔偿保险金的责任
（5）保险合同的解除
①投保人单方解除
a. 人身保险：30 日内退还保险单的现金价值
b. 财产保险：保险责任未开始，付手续费，退保费；保险责任已开始，扣除应收保费，退余额
②保险人单方解除
a. 合同订立阶段的事由
Ⅰ. 投保人故意或者因重大过失未履行如实告知义务，足以影响保险人决定是否同意承保或者提高保险费率的
Ⅱ. 投保人申报的被保险人年龄不真实，并且其真实年龄不符合合同约定的年龄限制的
此情形下解除权自保险人知道有解除事由之日起，超过 30 日不行使而消灭；自合同成立之日起超过 2 年的以及保险人在合同订立时已经知道投保人未如实告知的情况的，保险人不得解除合同，发生保险事故的，保险人应当承担赔偿或者给付保险金的责任
变
b. 合同履行期间的事由
Ⅰ. 投保人、被保险人未按照合同约定履行其对保险标的的安全应尽责任的
Ⅱ. 在合同有效期内，保险标的的危险程度显著增加的，被保险人应当按合同约定及时通知保险人，保险人有权按照合同约定增加保险费或者解除合同
Ⅲ. 人身保险中止 2 年后未达成协议的
c. 与出险相关的事由
Ⅰ. 被保险人或者受益人未发生保险事故，谎称发生了保险事故，向保险人提出赔偿或者给付保险金请求的，保险人有权解除合同，并不退还保险费
Ⅱ. 投保人、被保险人故意制造保险事故的，保险人有权解除合同，不承担赔偿或者给付保险金的责任
除投保人已交足 2 年以上保险费，保险人应当按照合同约定向其他权利人退还保险单的现金价值外，也不退还保险费
③双方均可解除
a. 情形：保险标的部分损失，赔偿 30 日内双方均可解除，但保险人解除应提前 15 天通知投保人
b. 后果：未受损部分保费扣除应收部分，退还余额
④保险责任开始后不得解除 — 货物运输保险合同、运输工具航程保险合同

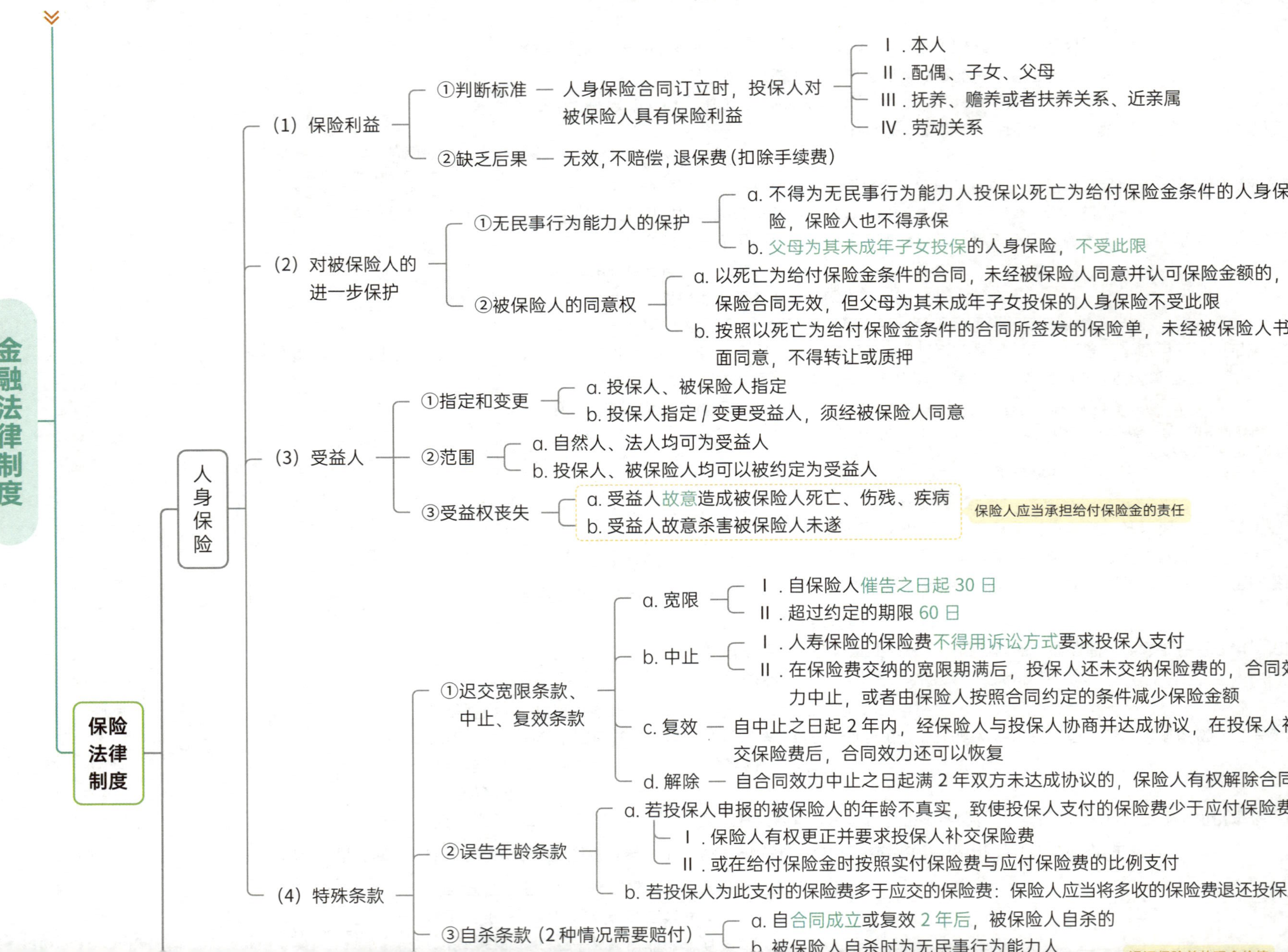
金融法律制度
保险法律制度
人身保险
(1) 保险利益
①判断标准 — 人身保险合同订立时，投保人对被保险人具有保险利益
Ⅰ. 本人
Ⅱ. 配偶、子女、父母
Ⅲ. 抚养、赡养或者扶养关系、近亲属
Ⅳ. 劳动关系
②缺乏后果 — 无效，不赔偿，退保费（扣除手续费）
(2) 对被保险人的进一步保护
①无民事行为能力人的保护
a. 不得为无民事行为能力人投保以死亡为给付保险金条件的人身保险，保险人也不得承保
b. 父母为其未成年子女投保的人身保险，不受此限
②被保险人的同意权
a. 以死亡为给付保险金条件的合同，未经被保险人同意并认可保险金额的，保险合同无效，但父母为其未成年子女投保的人身保险不受此限
b. 按照以死亡为给付保险金条件的合同所签发的保险单，未经被保险人书面同意，不得转让或质押
(3) 受益人
①指定和变更
a. 投保人、被保险人指定
b. 投保人指定 / 变更受益人，须经被保险人同意
②范围
a. 自然人、法人均可为受益人
b. 投保人、被保险人均可以被约定为受益人
③受益权丧失
a. 受益人故意造成被保险人死亡、伤残、疾病
b. 受益人故意杀害被保险人未遂
保险人应当承担给付保险金的责任
(4) 特殊条款
①迟交宽限条款、中止、复效条款
a. 宽限
Ⅰ. 自保险人催告之日起 30 日
Ⅱ. 超过约定的期限 60 日
b. 中止
Ⅰ. 人寿保险的保险费不得用诉讼方式要求投保人支付
Ⅱ. 在保险费交纳的宽限期满后，投保人还未交纳保险费的，合同效力中止，或者由保险人按照合同约定的条件减少保险金额
c. 复效 — 自中止之日起 2 年内，经保险人与投保人协商并达成协议，在投保人补交保险费后，合同效力还可以恢复
d. 解除 — 自合同效力中止之日起满 2 年双方未达成协议的，保险人有权解除合同
②误告年龄条款
a. 若投保人申报的被保险人的年龄不真实，致使投保人支付的保险费少于应付保险费
Ⅰ. 保险人有权更正并要求投保人补交保险费
Ⅱ. 或在给付保险金时按照实付保险费与应付保险费的比例支付
b. 若投保人为此支付的保险费多于应交的保险费：保险人应当将多收的保险费退还投保人
③自杀条款（2 种情况需要赔付）
a. 自合同成立或复效 2 年后，被保险人自杀的
b. 被保险人自杀时为无民事行为能力人

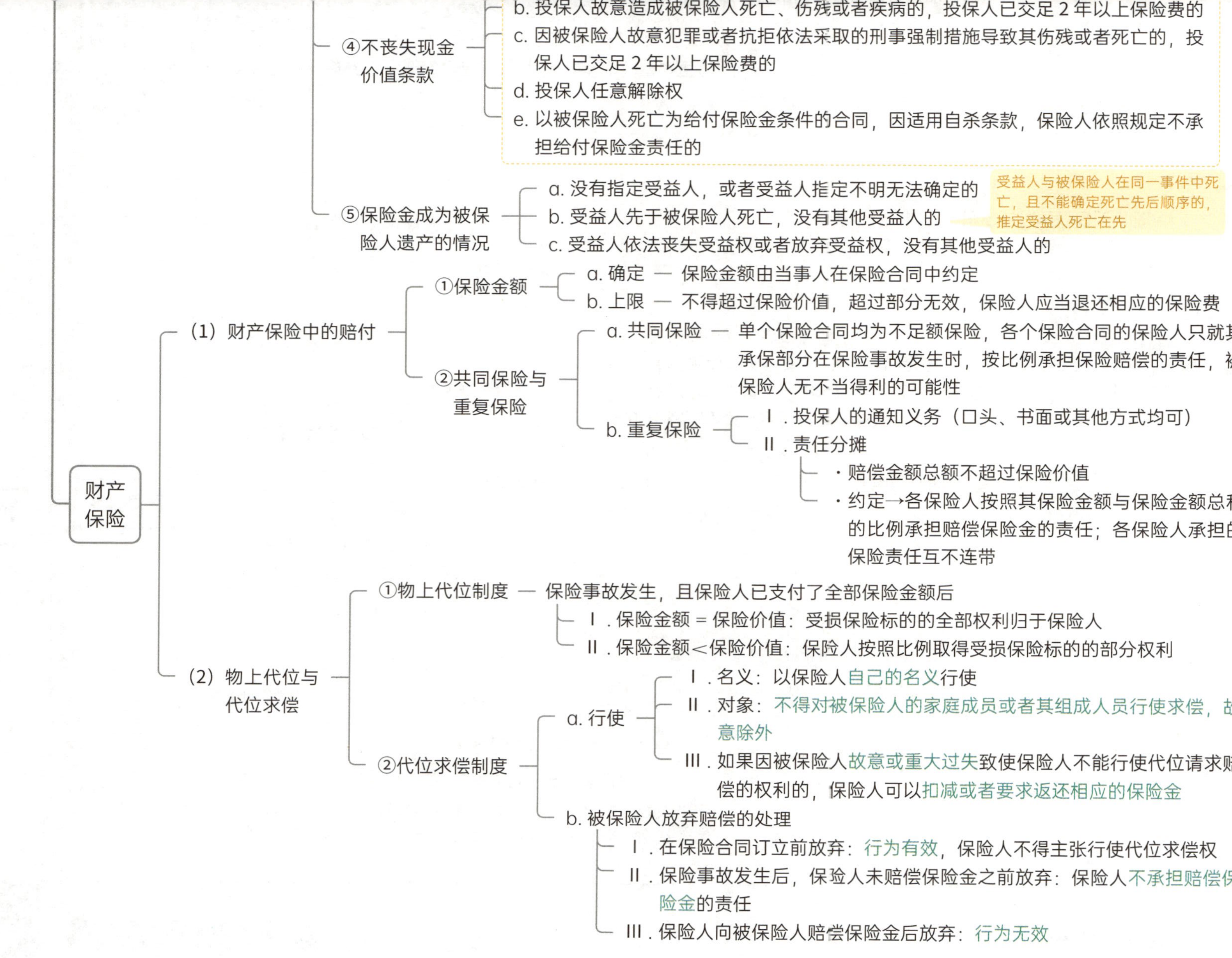

b. 投保人故意造成被保险人死亡、伤残或者疾病的，投保人已交足 2 年以上保险费的
④不丧失现金价值条款
c. 因被保险人故意犯罪或者抗拒依法采取的刑事强制措施导致其伤残或者死亡的，投保人已交足 2 年以上保险费的
d. 投保人任意解除权
e. 以被保险人死亡为给付保险金条件的合同，因适用自杀条款，保险人依照规定不承担给付保险金责任的
⑤保险金成为被保险人遗产的情况
a. 没有指定受益人，或者受益人指定不明无法确定的
b. 受益人先于被保险人死亡，没有其他受益人的
受益人与被保险人在同一事件中死亡，且不能确定死亡先后顺序的，推定受益人死亡在先
c. 受益人依法丧失受益权或者放弃受益权，没有其他受益人的
财产保险
（1）财产保险中的赔付
①保险金额
a. 确定 — 保险金额由当事人在保险合同中约定
b. 上限 — 不得超过保险价值，超过部分无效，保险人应当退还相应的保险费
②共同保险与重复保险
a. 共同保险 — 单个保险合同均为不足额保险，各个保险合同的保险人只就其承保部分在保险事故发生时，按比例承担保险赔偿的责任，被保险人无不当得利的可能性
b. 重复保险
Ⅰ. 投保人的通知义务（口头、书面或其他方式均可）
Ⅱ. 责任分摊
· 赔偿金额总额不超过保险价值
· 约定→各保险人按照其保险金额与保险金额总和的比例承担赔偿保险金的责任；各保险人承担的保险责任互不连带
（2）物上代位与代位求偿
①物上代位制度 — 保险事故发生，且保险人已支付了全部保险金额后
Ⅰ. 保险金额 = 保险价值：受损保险标的的全部权利归于保险人
Ⅱ. 保险金额＜保险价值：保险人按照比例取得受损保险标的的部分权利
②代位求偿制度
a. 行使
Ⅰ. 名义：以保险人自己的名义行使
Ⅱ. 对象：不得对被保险人的家庭成员或者其组成人员行使求偿，故意除外
Ⅲ. 如果因被保险人故意或重大过失致使保险人不能行使代位请求赔偿的权利的，保险人可以扣减或者要求返还相应的保险金
b. 被保险人放弃赔偿的处理
Ⅰ. 在保险合同订立前放弃：行为有效，保险人不得主张行使代位求偿权
Ⅱ. 保险事故发生后，保验人未赔偿保险金之前放弃：保险人不承担赔偿保险金的责任
Ⅲ. 保险人向被保险人赔偿保险金后放弃：行为无效

第七章 财政法律制度

（考 8 ~ 10 分）

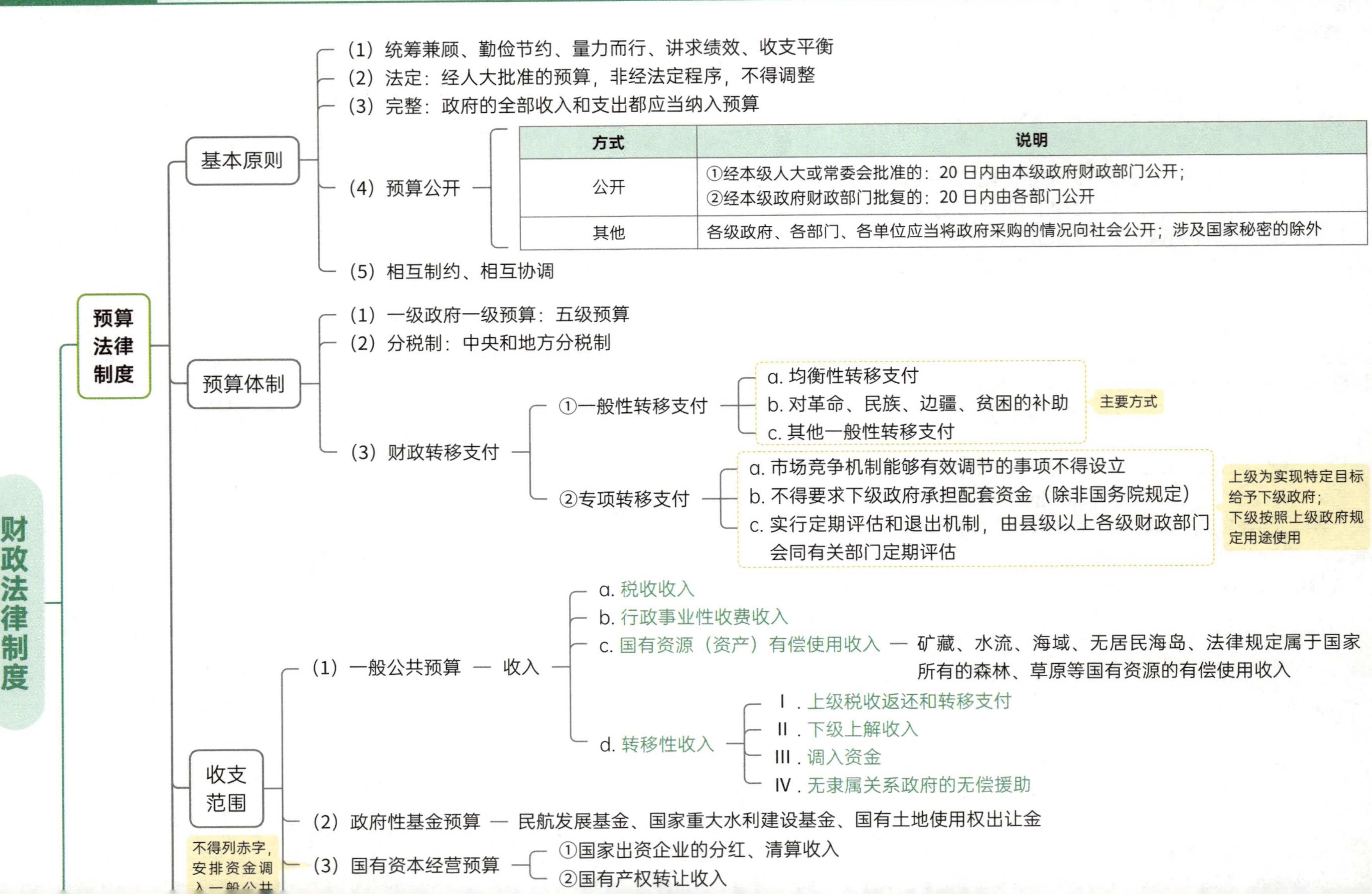

财政法律制度

预算法律制度

基本原则

（1）统筹兼顾、勤俭节约、量力而行、讲求绩效、收支平衡

（2）法定：经人大批准的预算，非经法定程序，不得调整

（3）完整：政府的全部收入和支出都应当纳入预算

（4）预算公开

方式	说明
公开	①经本级人大或常委会批准的：20 日内由本级政府财政部门公开； ②经本级政府财政部门批复的：20 日内由各部门公开
其他	各级政府、各部门、各单位应当将政府采购的情况向社会公开；涉及国家秘密的除外

（5）相互制约、相互协调

预算体制

（1）一级政府一级预算：五级预算

（2）分税制：中央和地方分税制

（3）财政转移支付

- ①一般性转移支付（主要方式）
  - a. 均衡性转移支付
  - b. 对革命、民族、边疆、贫困的补助
  - c. 其他一般性转移支付
- ②专项转移支付（上级为实现特定目标给予下级政府；下级按照上级政府规定用途使用）
  - a. 市场竞争机制能够有效调节的事项不得设立
  - b. 不得要求下级政府承担配套资金（除非国务院规定）
  - c. 实行定期评估和退出机制，由县级以上各级财政部门会同有关部门定期评估

收支范围

（1）一般公共预算 — 收入

- a. 税收收入
- b. 行政事业性收费收入
- c. 国有资源（资产）有偿使用收入 — 矿藏、水流、海域、无居民海岛、法律规定属于国家所有的森林、草原等国有资源的有偿使用收入
- d. 转移性收入
  - Ⅰ. 上级税收返还和转移支付
  - Ⅱ. 下级上解收入
  - Ⅲ. 调入资金
  - Ⅳ. 无隶属关系政府的无偿援助

（2）政府性基金预算 — 民航发展基金、国家重大水利建设基金、国有土地使用权出让金

（3）国有资本经营预算（不得列赤字，安排资金调入一般公共……）

- ①国家出资企业的分红、清算收入
- ②国有产权转让收入

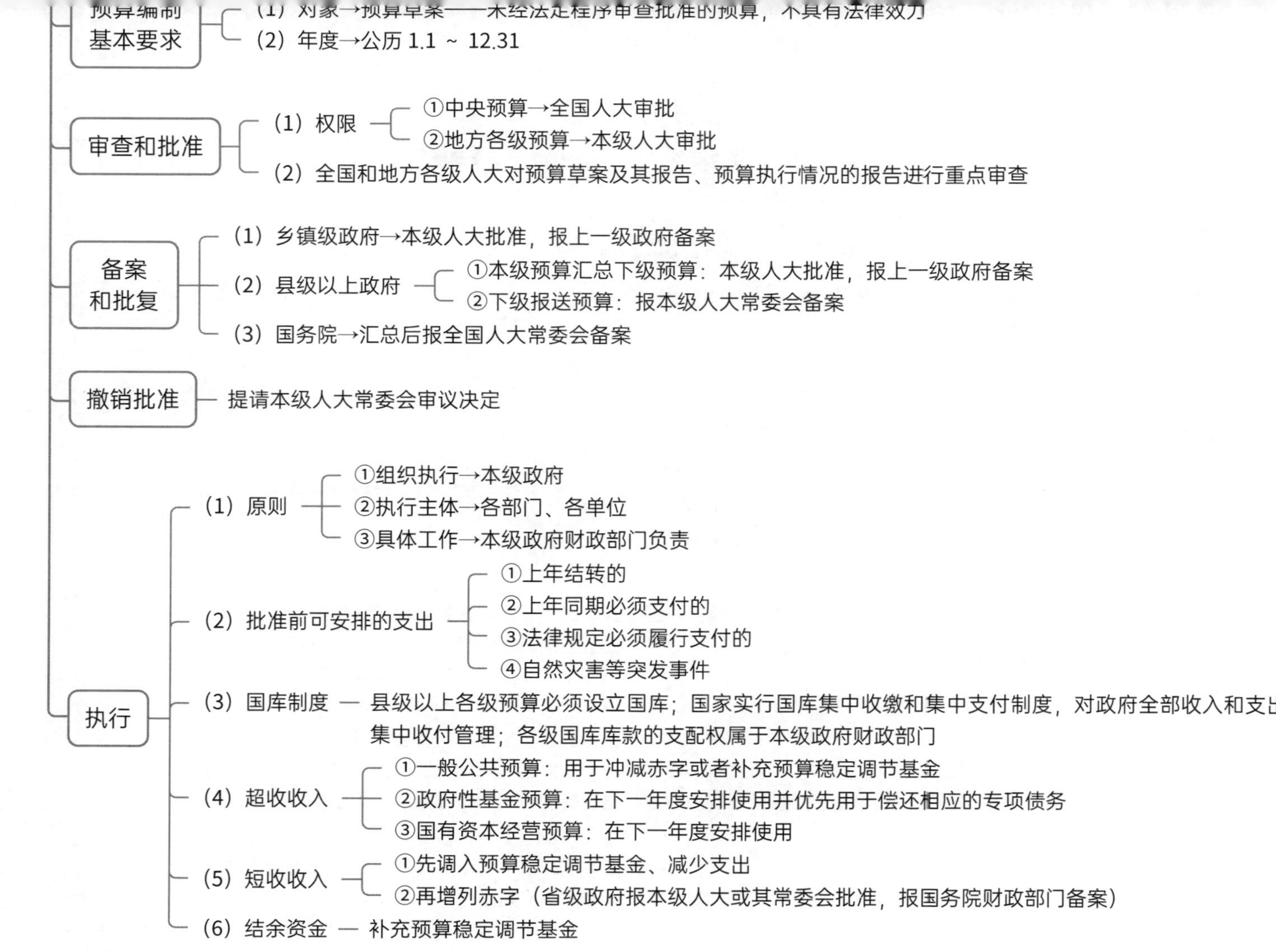
预算编制基本要求
(1) 对象→预算草案——未经法定程序审查批准的预算，不具有法律效力
(2) 年度→公历 1.1 ~ 12.31
审查和批准
(1) 权限
①中央预算→全国人大审批
②地方各级预算→本级人大审批
(2) 全国和地方各级人大对预算草案及其报告、预算执行情况的报告进行重点审查
备案和批复
(1) 乡镇级政府→本级人大批准，报上一级政府备案
(2) 县级以上政府
①本级预算汇总下级预算：本级人大批准，报上一级政府备案
②下级报送预算：报本级人大常委会备案
(3) 国务院→汇总后报全国人大常委会备案
撤销批准
提请本级人大常委会审议决定
执行
(1) 原则
①组织执行→本级政府
②执行主体→各部门、各单位
③具体工作→本级政府财政部门负责
(2) 批准前可安排的支出
①上年结转的
②上年同期必须支付的
③法律规定必须履行支付的
④自然灾害等突发事件
(3) 国库制度
县级以上各级预算必须设立国库；国家实行国库集中收缴和集中支付制度，对政府全部收入和支出实行国库集中收付管理；各级国库库款的支配权属于本级政府财政部门
(4) 超收收入
①一般公共预算：用于冲减赤字或者补充预算稳定调节基金
②政府性基金预算：在下一年度安排使用并优先用于偿还相应的专项债务
③国有资本经营预算：在下一年度安排使用
(5) 短收收入
①先调入预算稳定调节基金、减少支出
②再增列赤字（省级政府报本级人大或其常委会批准，报国务院财政部门备案）
(6) 结余资金
补充预算稳定调节基金

财政法律制度

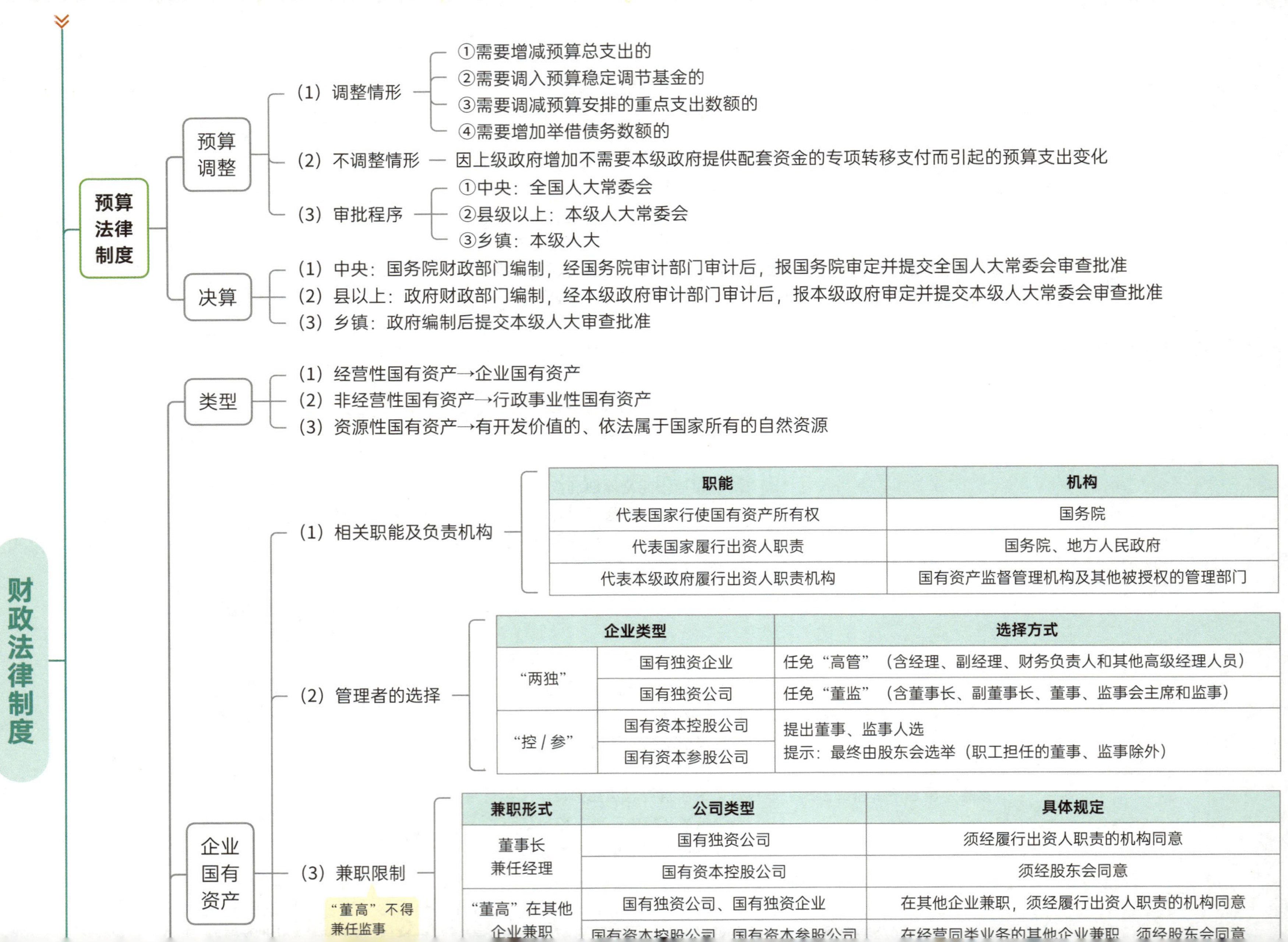

预算法律制度

预算调整

- （1）调整情形
  - ①需要增减预算总支出的
  - ②需要调入预算稳定调节基金的
  - ③需要调减预算安排的重点支出数额的
  - ④需要增加举借债务数额的
- （2）不调整情形 —— 因上级政府增加不需要本级政府提供配套资金的专项转移支付而引起的预算支出变化
- （3）审批程序
  - ①中央：全国人大常委会
  - ②县级以上：本级人大常委会
  - ③乡镇：本级人大

决算

- （1）中央：国务院财政部门编制，经国务院审计部门审计后，报国务院审定并提交全国人大常委会审查批准
- （2）县以上：政府财政部门编制，经本级政府审计部门审计后，报本级政府审定并提交本级人大常委会审查批准
- （3）乡镇：政府编制后提交本级人大审查批准

类型

- （1）经营性国有资产→企业国有资产
- （2）非经营性国有资产→行政事业性国有资产
- （3）资源性国有资产→有开发价值的、依法属于国家所有的自然资源

企业国有资产

（1）相关职能及负责机构

职能	机构
代表国家行使国有资产所有权	国务院
代表国家履行出资人职责	国务院、地方人民政府
代表本级政府履行出资人职责机构	国有资产监督管理机构及其他被授权的管理部门

（2）管理者的选择

企业类型		选择方式
“两独”	国有独资企业	任免“高管”（含经理、副经理、财务负责人和其他高级经理人员）
	国有独资公司	任免“董监”（含董事长、副董事长、董事、监事会主席和监事）
“控／参”	国有资本控股公司	提出董事、监事人选 提示：最终由股东会选举（职工担任的董事、监事除外）
	国有资本参股公司	

（3）兼职限制

“董高”不得兼任监事

兼职形式	公司类型	具体规定
董事长兼任经理	国有独资公司	须经履行出资人职责的机构同意
	国有资本控股公司	须经股东会同意
“董高”在其他企业兼职	国有独资公司、国有独资企业	在其他企业兼职，须经履行出资人职责的机构同意
	国有资本控股公司、国有资本参股公司	在经营同类业务的其他企业兼职，须经股东会同意

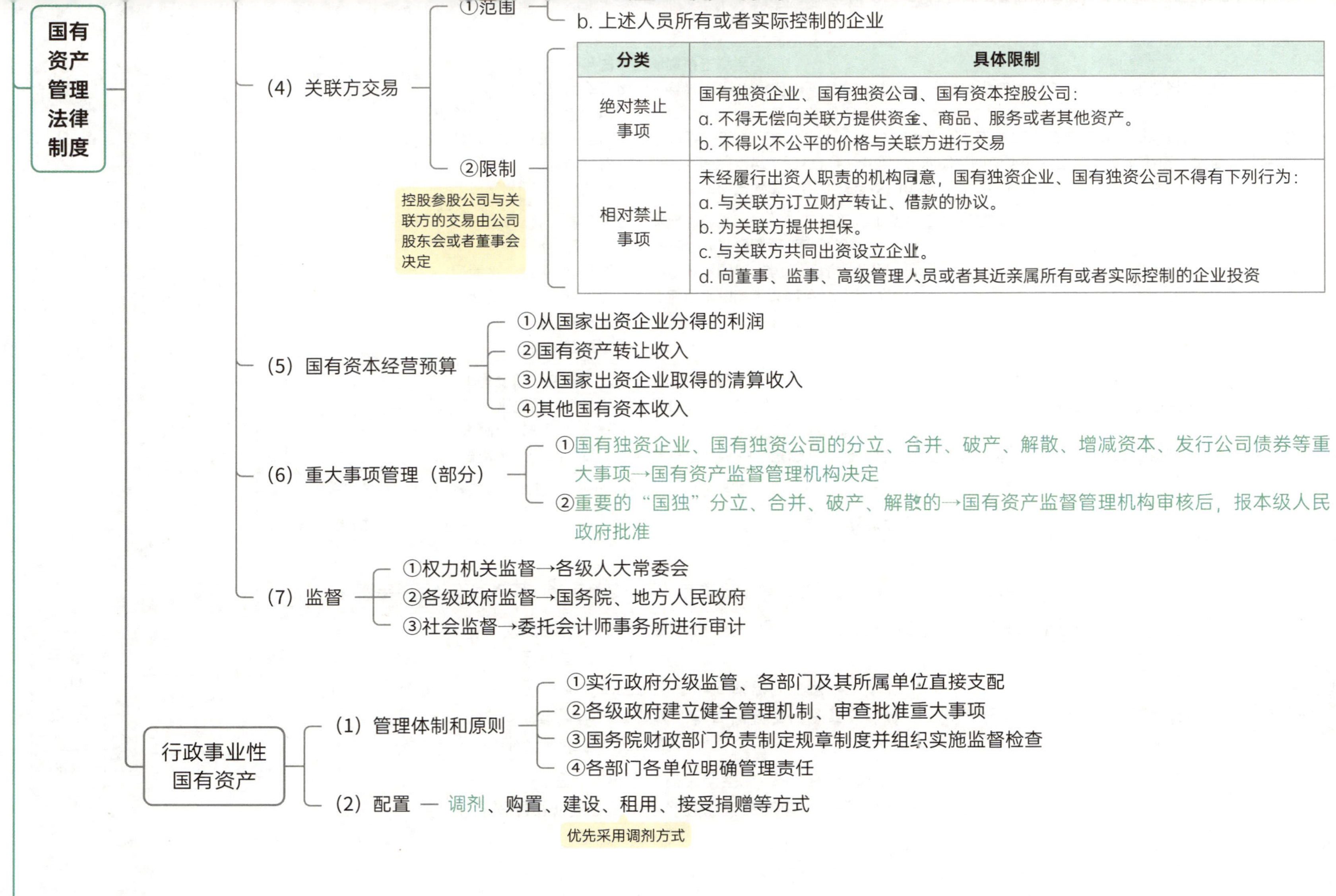

国有资产管理法律制度

- (4) 关联方交易
  - ①范围
    - b. 上述人员所有或者实际控制的企业
  - ②限制（控股参股公司与关联方的交易由公司股东会或者董事会决定）

分类	具体限制
绝对禁止事项	国有独资企业、国有独资公司、国有资本控股公司： a. 不得无偿向关联方提供资金、商品、服务或者其他资产。 b. 不得以不公平的价格与关联方进行交易
相对禁止事项	未经履行出资人职责的机构同意，国有独资企业、国有独资公司不得有下列行为： a. 与关联方订立财产转让、借款的协议。 b. 为关联方提供担保。 c. 与关联方共同出资设立企业。 d. 向董事、监事、高级管理人员或者其近亲属所有或者实际控制的企业投资

- (5) 国有资本经营预算
  - ①从国家出资企业分得的利润
  - ②国有资产转让收入
  - ③从国家出资企业取得的清算收入
  - ④其他国有资本收入
- (6) 重大事项管理（部分）
  - ①国有独资企业、国有独资公司的分立、合并、破产、解散、增减资本、发行公司债券等重大事项→国有资产监督管理机构决定
  - ②重要的“国独”分立、合并、破产、解散的→国有资产监督管理机构审核后，报本级人民政府批准
- (7) 监督
  - ①权力机关监督→各级人大常委会
  - ②各级政府监督→国务院、地方人民政府
  - ③社会监督→委托会计师事务所进行审计

行政事业性国有资产

- (1) 管理体制和原则
  - ①实行政府分级监管、各部门及其所属单位直接支配
  - ②各级政府建立健全管理机制、审查批准重大事项
  - ③国务院财政部门负责制定规章制度并组织实施监督检查
  - ④各部门各单位明确管理责任
- (2) 配置 — 调剂、购置、建设、租用、接受捐赠等方式（优先采用调剂方式）

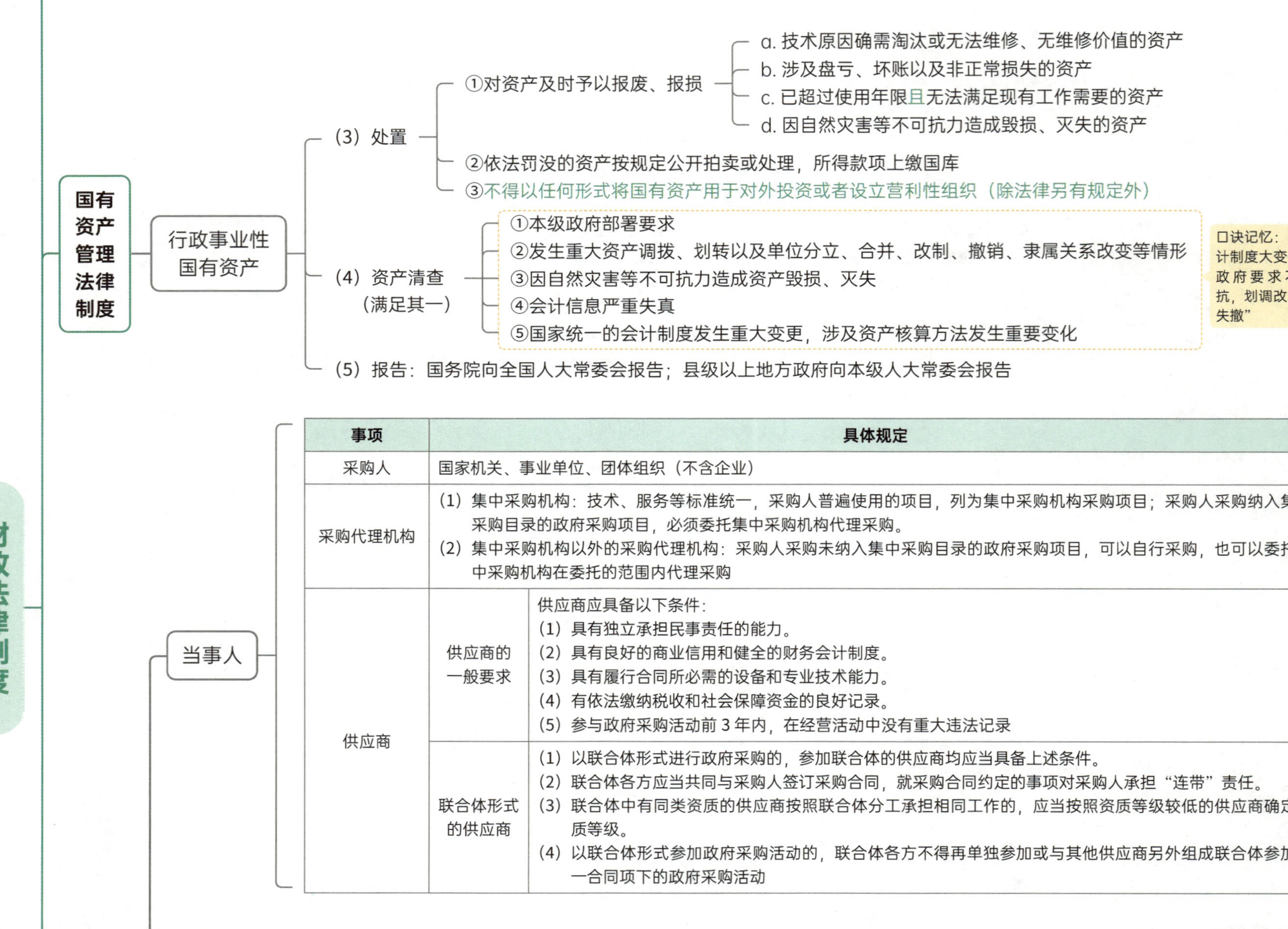

事项		具体规定
采购人		国家机关、事业单位、团体组织（不含企业）
采购代理机构		(1) 集中采购机构：技术、服务等标准统一，采购人普遍使用的项目，列为集中采购机构采购项目；采购人采购纳入集中采购目录的政府采购项目，必须委托集中采购机构代理采购。 (2) 集中采购机构以外的采购代理机构：采购人采购未纳入集中采购目录的政府采购项目，可以自行采购，也可以委托集中采购机构在委托的范围内代理采购
供应商	供应商的一般要求	供应商应具备以下条件： (1) 具有独立承担民事责任的能力。 (2) 具有良好的商业信用和健全的财务会计制度。 (3) 具有履行合同所必需的设备和专业技术能力。 (4) 有依法缴纳税收和社会保障资金的良好记录。 (5) 参与政府采购活动前 3 年内，在经营活动中没有重大违法记录
	联合体形式的供应商	(1) 以联合体形式进行政府采购的，参加联合体的供应商均应当具备上述条件。 (2) 联合体各方应当共同与采购人签订采购合同，就采购合同约定的事项对采购人承担“连带”责任。 (3) 联合体中有同类资质的供应商按照联合体分工承担相同工作的，应当按照资质等级较低的供应商确定资质等级。 (4) 以联合体形式参加政府采购活动的，联合体各方不得再单独参加或与其他供应商另外组成联合体参加同一合同项下的政府采购活动

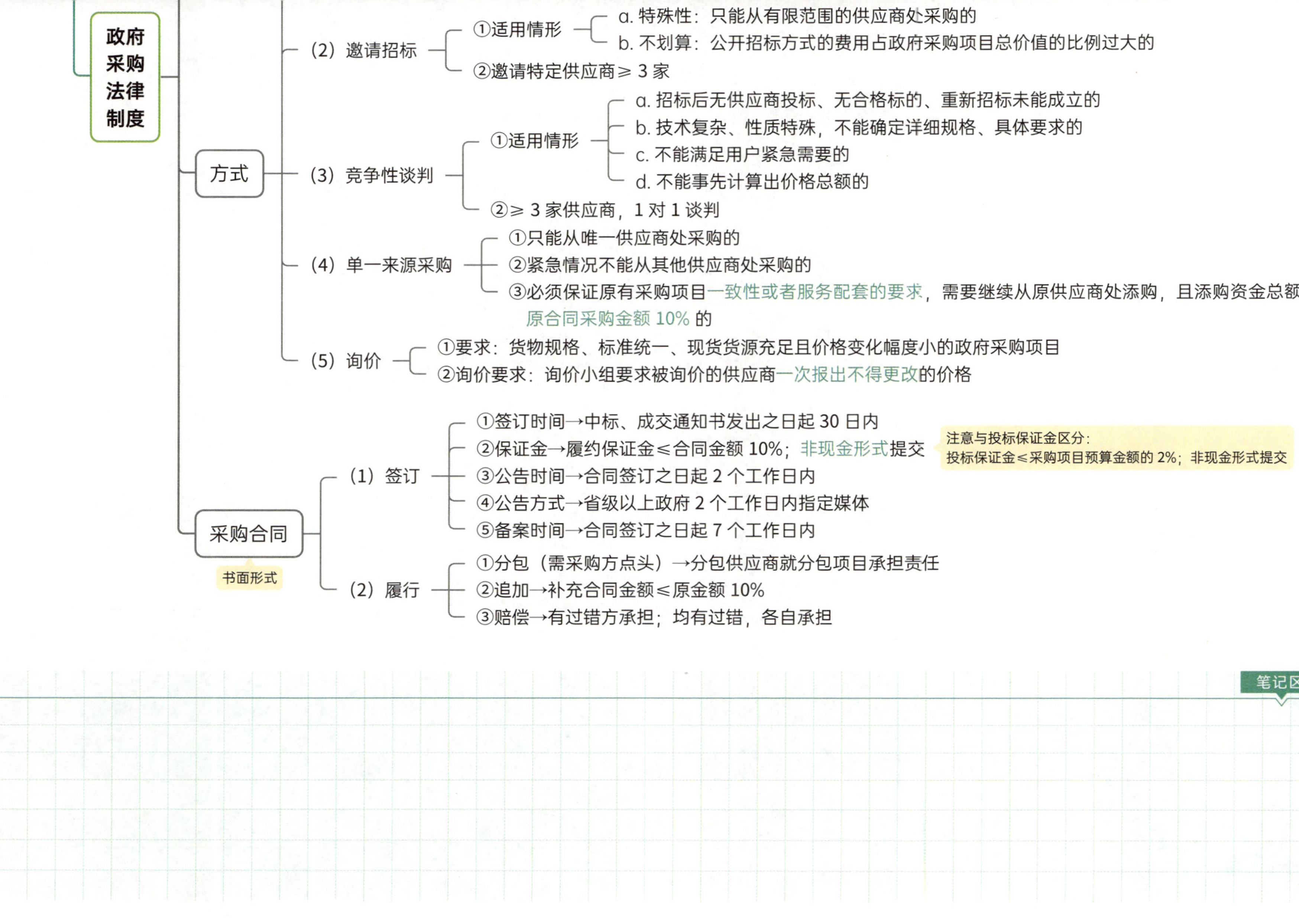
政府采购法律制度
方式
(2) 邀请招标
①适用情形
a. 特殊性：只能从有限范围的供应商处采购的
b. 不划算：公开招标方式的费用占政府采购项目总价值的比例过大的
②邀请特定供应商≥3家
(3) 竞争性谈判
①适用情形
a. 招标后无供应商投标、无合格标的、重新招标未能成立的
b. 技术复杂、性质特殊，不能确定详细规格、具体要求的
c. 不能满足用户紧急需要的
d. 不能事先计算出价格总额的
②≥3家供应商，1对1谈判
(4) 单一来源采购
①只能从唯一供应商处采购的
②紧急情况不能从其他供应商处采购的
③必须保证原有采购项目一致性或者服务配套的要求，需要继续从原供应商处添购，且添购资金总额≤原合同采购金额10%的
(5) 询价
①要求：货物规格、标准统一、现货货源充足且价格变化幅度小的政府采购项目
②询价要求：询价小组要求被询价的供应商一次报出不得更改的价格
采购合同
书面形式
(1) 签订
①签订时间→中标、成交通知书发出之日起30日内
②保证金→履约保证金≤合同金额10%；非现金形式提交
注意与投标保证金区分：
投标保证金≤采购项目预算金额的2%；非现金形式提交
③公告时间→合同签订之日起2个工作日内
④公告方式→省级以上政府2个工作日内指定媒体
⑤备案时间→合同签订之日起7个工作日内
(2) 履行
①分包（需采购方点头）→分包供应商就分包项目承担责任
②追加→补充合同金额≤原金额10%
③赔偿→有过错方承担；均有过错，各自承担
笔记区

笔记区

笔记区